多快好省

中小银行零售
数字化转型之道

段治龙 著

兰州大学出版社
LANZHOU UNIVERSITY PRESS

图书在版编目（CIP）数据

多快好省：中小银行零售数字化转型之道 / 段治龙
著. -- 兰州：兰州大学出版社，2025. 6. -- ISBN 978-
7-311-06926-1

Ⅰ. F832.33-39

中国国家版本馆 CIP 数据核字第 202581DR65 号

责任编辑　宋　婷
封面设计　闫　钢

书　　名　多快好省：中小银行零售数字化转型之道
　　　　　DUO KUAI HAO SHENG：ZHONG-XIAO YINHANG LINGSHOU
　　　　　SHUZIHUA ZHUANXING ZHI DAO
作　　者　段治龙　著
出版发行　兰州大学出版社　（地址：兰州市天水南路 222 号　730000）
电　　话　0931-8912613（总编办公室）　0931-8617156（营销中心）
网　　址　http://press.lzu.edu.cn
电子信箱　press@lzu.edu.cn
印　　刷　兰州人民印刷厂
开　　本　700 mm×1000 mm　1/16
成品尺寸　165 mm×238 mm
印　　张　16（插页2）
字　　数　205 千
版　　次　2025 年 6 月第 1 版
印　　次　2025 年 6 月第 1 次印刷
书　　号　ISBN 978-7-311-06926-1
定　　价　68.00 元

（图书若有破损、缺页、掉页，可随时与本社联系）

序言

近年来，受经济增速趋缓、头部大行下沉、息差持续缩窄等多重因素影响，中小银行的发展普遍面临着严峻挑战。在此背景下，尤其是我国中西部省会城市的城区农商银行，由于原有服务区域的城镇化程度较高、区域同业竞争日益白热化、历史包袱沉重以及全行业数字化程度相对落后，其差异化发展的路径选择变得异常复杂。中小银行如何在困境中破局突围？如何在激烈的市场竞争中找准自身定位？成为摆在行业面前的重要课题。

本书聚焦极具代表性的兰州农商银行，通过细致入微的案例呈现与系统剖析，描绘了一家中小银行在新形势下实现战略蜕变、浴火重生的完整过程。实践证明，中小银行特别是省会城市的城区农商银行，完全可以借助数字化转型机遇，深挖原有优势资源，走出一条"人的温度+科技速度"的独特转型之路，实现高质量发展。这不仅为同类型银行提供了宝贵借鉴，也昭示了行业转型升级的广阔前景。通读全书，有以下几个值得关注的鲜明观点。

其一，中小银行零售转型已成为必经之路。随着零售类贷款市场的逐步饱和，"零售转型是否还值得继续"成为许多中小银行高管和员工反思的新命题。一些观点甚至认为，应当摒弃零售转型思路，退回到多元化发展的传统轨道。

然而，作者以鲜明的立场指出，中小银行当然可以探索多元化发展，但前提必须建立在主责主业做实、做精、做透的基础之上。只有"全方位做小"的成效显著，才有实力和底气"有余力做大"。更为关键的是，中小银行的多元化路径应当基于既有客群持续深耕、陪伴成长，而并非盲目效仿大型银行一味"多点支撑、全面出击"。这种"以客户为中心"的聚焦战略，是近年来中小银行寻求可持续发展的根本出路。

其二，数字化是零售转型的最佳切入点。在数字化浪潮席卷金融行业的当下，传统发展路径愈发难以满足中小银行转型升级的现实需要。如果依旧按部就班地依靠传统模式，无论是获客效率，还是风险管控、服务体验，都会愈发落后于市场和监管的要求。

兰州农商银行的典型经验在于，既没有照搬互联网巨头和股份制银行数字化转型的"标准答案"，也没有故步自封地守着地域和人缘优势，而是把点多面广、亲近客户的传统优势与现代数字手段深度融合。通过合理利用省级联社科技大平台的体制优势，实现业务与技术的有机协同，最终走出一条"多快好省"的数字化零售转型新路。这不仅极具现实操作性，也为同业提供了具体、可复制的实践范例。

其三，回归本质，避免"伪数字化"陷阱。当前整个银行业都在积极探索数字化、智能化转型路径，实践中固然涌现出许多卓有成效的案例，但同时也不可否认，部分机构存在"数字化万能论"的误区，把技术手段简单等同于战略目标，出现了"为数字化而数字化"的现象。

本书最大的亮点，在于把数字化放在零售转型的大框架中，紧密结合管理进化、组织变革、流程优化等实际业务场景来分析。"数字化"被视为实现组织战略目标的有机组成部分，而非单一指标或外在标签。事实也证明，只要将业务和管理需求厘清、落地到位，技术并不高深莫测，反而成为发展降本增效、优化客户服务的重要抓手。正如兰州农商银行的经验所示，数字化不是选择题，而是新时代银行转型必须跨过的门槛，唯有顺应趋势，方可行稳致远。

作为资深银行业观察者和研究者，段治龙先生长期深耕于中小银行转型领域，曾出版《四梁八柱——县域银行的经营和管理哲学》《微贷革命》等行业经典案例图书。本书延续了其一贯的理论严谨与案例生动的风格，既重视结构化梳理、逻辑推演，又擅长还原一线实践的温度与细节。期望本书可以给更多中小银行带来方向和信心，启迪更多践行者重新发现数字化浪潮中的精彩实践。

上海金融与发展实验室首席专家、主任

曾 刚

2025 年 4 月

前言

2019 年以来，中小银行防范和化解风险受到政策层面的关注。防范和化解风险，主要是两条道路：一是改革化险，二是发展化险。改革化险更多来自政策层面的引导，而发展化险则更多来自中小银行的自身努力。

在中小银行的自身努力中，零售转型是一条共同的主线。但是，许多中小银行错失了转型的最佳"时间窗口期"①，导致许多中小银行的零售转型不得不面临当下的"量"与"价"的双重困境。

如何走出困境，是许多中小银行共同面临的一道命题。为此，笔者选取了兰州农商银行作为研究样本，试图为破解这一命题寻求一份可供参考、可以复制、可能推广

①　中小银行零售转型的最佳"时间窗口期"是在 2013 年，特别是在 2017 年之后、国有大行全面下沉之前，可以通过增户扩面等方式，实现以量补价，夯实转型的信贷客户基础，进而有效应对"价格战"的冲击。

的方案。

之所以选择兰州农商银行，是因为兰州农商银行比较具有代表性，一是所处区域为我国中西部地区，二是属于省会农商银行，三是历史包袱沉重，四是存在人才不足、客户流失等问题。这些特征，大多是转型滞后或者转型困难的中小银行共同的特征。

兰州农商银行在原兰州市城关区、七里河区、西固区、安宁区、红古区等五家农村信用合作联社的基础上，以新设合并的方式组建，于2015年11月29日挂牌开业，注册资本为55亿元。截至2024年末，资产总额为1189亿元，各项存款为777亿元，各项贷款为627亿元。

相比于许多银行的零售转型，兰州农商银行的零售转型不是从零起步的，而是从弥补空白起步的；不是在好的时候主动转型，而是在最难的时候被动转型；不是专做零售转型，而是在兼顾风险化解中同步零售转型。

2020年到2024年期间，兰州农商银行的五年转型过程中，前三年主要是在打基础，后两年才真正迈上了转型的轨道，其经验值得总结推广，成绩可圈可点。

兰州农商银行零售转型经验可以概括为三句话：大零售转型、全体系推动和数字化驱动。

所谓"大零售转型"，主要体现在扩大服务范围、扩大客户基数上，而不是大的贷款额度上。"扩大范围"是从传统的零售业务主要服务自然人、家庭和个体工商户，扩大到了小微型企业及小微型企业主。"扩大基数"是化大为小，重点投放单户500万元以下自然人贷款和1000万元以下普惠小微贷款，并以贷款户数的"纲举"带动各项指标的"目张"，书写出一篇兰州农商银行的普惠金融大文章。

所谓"全体系推动"，主要体现在提升全要素生产率（TFP）上，从

"条线零售"提格为"全行零售"。这一转变的核心，是将零售转型从部门管理转变为全行战略目标，所有资源向此集中，所有能力据此打造，所有工作围绕这个目标进行，凸显"力出一孔"的专注效能，并在充分借鉴各类先进经验的基础上，体现出后发优势。

所谓"数字化驱动"，主要体现在零售业务的数字化能力锻造上。兰州农商银行作为零售转型的"后进入者"，主动拥抱技术浪潮，将数字化能力提升穿插在业务、管理和决策的每一个环节，基于零售业务需要，选择适配的数字化方式，基于数字化的需要，改造传统的组织模式，逐步将数字化从过去的支撑作用转变为驱动作用，蹚出了一条用数字化放大传统优势、改造零售业务的新路子。

在兰州农商银行零售转型的成绩单上，截至2024年末，千万元以下普惠型贷款户数55423户，余额283.22亿元，每年增加万户以上，不良贷款率始终控制在1%以内，累计创收16亿元，年均创利增幅达60%。

这样的转型成绩，如果放到十年前，如果放到发达地区，如果放到经营正常的银行，或许不足为奇。但是，放到竞争日益激烈、需求不断降减的今天，放到中西部欠发达地区，放到边化险、边发展的兰州农商银行，其实并不容易。

兰州农商银行的实践证明：中小银行的零售数字化转型，大零售是"道"，全体系是"法"，数字化是"术"，三者互为条件，相互作用，融为一体，可以将中小银行零售转型的"苦慢细累"，转变为"多快好省"。

为此，笔者将主书名定为"多快好省"，凸显兰州农商银行零售数字化转型的鲜明特色，副标题定为"中小银行零售数字化转型之道"，通过全面记录兰州农商银行这段"激情燃烧的岁月"，提炼出适合中小银行零售数字化转型的基本逻辑。

本书总体按照五编布局，采取"剥笋式"方法，层层递进，梳理出兰州农商银行零售转型的基本逻辑和成熟做法，并基于过去的经验，提出未来判断，分为概览编、业务编、管理编、组织编和展望编。

概览编重点介绍兰州农商银行零售转型的背景、过程，以及由此总结出的"金字塔"转型模式。

业务编分别从兰州农商银行零售转型的获客、产品、活客三个维度，萃取以客户基数为核心的零售业务闭环方法论。

管理编分别从人、钱、制、技四个角度，解码兰州农商银行推动零售转型的精细化管理机制和数字化能力背后的奥秘。

组织编分别从领导班子、机关部门、基层支行及员工的角度，归纳出不同层级在零售转型中的职能转型和角色转变的核心要义。

展望编主要是基于兰州农商银行过去的转型路径，以及未来的形势发展，提出兰州农商银行从零售转型到零售升级的趋势判断。

"天下事有难易乎？为之，则难者亦易矣；不为，则易者亦难矣。"这是笔者研究兰州农商银行零售数字化转型之后的最大感受。中小银行的零售转型，不在可不可为，而在愿不愿、能不能、会不会"为之"。为之，不仅可以有效地防范化解风险，而且可以通过零售数字化的方式，达到"多快好省"的效果，实现更高层面、更高质量、更高水平的发展。因此，本书适合所有关心和关注中小银行的政策层、学术界、媒体界、科技界等人士阅读，也适合中小银行的从业人员学习借鉴。

目　录

第3章 重新定义产品 / 063

第3编 管理编

第 **5** 编　展望编

第10章　金城所至，金石为开 / 219

第 1 编

概 览 编

明朝初年，著名文学家王祎①行至兰州，写下了一首名传千古的七言绝句《兰州》："洮云陇草都行尽，路到兰州是极边。谁信西行从此始，一重天外一重天。"诗人以诗明志，表达了对西行之旅的信心和对不懈探索的向往。

600多年后的今天，在"极边"兰州，一家本土银行沿袭了此诗的意境，在探索零售转型的道路上，同样是"一重天外一重天"。这家银行就是兰州农商银行。

零售转型，是近年来许多银行都在推动的一项战略工程。

一方面，零售业务相比于其他业务，有着市场空间大、收益率相对高、风险相对分散、资本占用少等显著优势。另一方面，经济趋缓、政策导向、技术进步等外部因素，也在推动着银行走上零售转型之路。

对于许多银行来说，零售转型是一项战略调整，但对于兰州农商银行来说，零售转型则是一场"向死而生"的求索。这样说，并非危言耸听，而是真实写照。彼时，兰州农商银行因为大额贷款而面临较大风险，零售转型成了"没有退路的出路"。

---

① 王祎，明初文学家，师从柳贯、黄溍，明太祖朱元璋诏其与宋濂同为总裁，修《元史》，著有《王忠文公集》等。

在这种背景下，需要勇气，也需要智慧。因此，兰州农商银行零售转型的"本事"是一点一点练出来的，但"主意"是在转型之初就打定的。

为了打赢这场不能输、输不起的"战争"，兰州农商银行的决策者认真分析研究，用红蓝铅笔画各种导图，并据此下定了最终决心，形成了总体规划。事后证明，各类零售转型，基本都是按照当初的总体规划一步一步走过来的。

这一总体规划，可以概括为"金字塔"转型模式，从零售业务、管理效能、组织基础三个层面全方位布局和推动。因此，兰州农商银行零售转型，不仅是一类业务转型，而且是一场系统性变革。

这样的布局，实际上是无奈之举。无论是外部环境，还是自身条件，当时的零售转型基础都不扎实，甚至说条件并不具备。按照传统的零售转型方式，并不符合兰州农商银行的实际。因此，兰州农商银行下定了决心，扔掉"旧地图"，寻找"新大陆"，走一条符合自身实际的零售转型新路。

这注定是一场艰难的"旅程"。零售业务本就具有典型的"苦累细慢"特征，加之要自主创新、自我探索，其艰难程度可想而知。但是，兰州农商银行在甘肃省农信联社的大力支持和充分赋能下，通过激发已经投入的资源活力、"拥抱"外部环境的变化，以及借助外部机构的合力，硬是在自身这棵"老树"上生出了"新花"，不仅为甘肃省农信系统做出了先行先试的探索，而且为城市化程度高、市场竞争程度强的全国同业，特别是省会农商银行打造出了"兰州样板"。

第1章
没有退路就是出路

华为公司CEO任正非在面对困难与挑战的时候，曾经在多个场合的讲话中引用了美国上将马丁·邓普西的话："要让打胜仗的思想成为一种信仰，没有退路就是胜利之路。"

虽然船队有大有小，但领航者的心境基本相同。

2019年，兰州农商银行同样遇到了严重的困难和挑战，当时的决策者在一个公开场合，也讲了类似这样的话："没有退路或许就是一条出路。"

彼时，兰州农商银行刚刚成立四年多，风险却陆续显现，成为外部审计、区域监管和系统管理的重点关注机构之一。如何在化险与发展之间找到平衡点？成为当时决策者的首要问题。

如果停下发展的脚步，专心化险，是相对专注和聚焦的一种方式。但是，不发展也会是一种新的风险。如果对历史问题不管不顾，一心想着另觅他途，"新官不理旧账"，风险又会越积累越大。

在这种背景下，兰州农商银行采用了"跷跷板"原理来统筹发展与风险两者的关系。

一头将不良资产集中管理起来，设立专门机构，抽调专人，组建专门团队，配套专门机制，采取专营模式，开展专业清收和化解工作，重点攻坚不良资产风险化解工作。

一头"探路"大零售转型之路，全面落实预先设计的"金字塔"转型模式的各项举措。

由此，实现了专业化险与发展化险的"两条腿走路"，在"没有退路"的情况下，走出了一条"重生之路"。

第1节
一份沉甸甸的批复

2019年初，兰州农商银行组建了新的领导班子。当时，新领导班子面临着内外交困的双重考验。

从内部看，高企的不良资产、陈旧的观念、浮动的人心，走过去的"大贷款"老路，肯定是行不通的。

从外部看，经济环境的日益严峻、监管政策的不断趋严、大行下沉的步伐加快，兰州农商银行如果像许多银行一样按部就班地走零售转型的道路，也是缓不济急的。

面对双重考验，兰州农商银行新领导班子于错综复杂的环境中觅生机，于百年未有之大变局中开新局。

2019年11月18日，兰州农商银行正式向甘肃省农信联社提交了《关于启动兰州农商银行综合改革的请示》，提出了"改革总体思路"和"恳请批复事项"①，并于 2019 年 12 月 9 日获得了《关于兰州农商银行改革试点的批复》②。这份文件只有两页纸，分量却重达"千斤"。主要决策者将这份批复专门放大，装入相框，摆放在工作案头，就像卧薪尝胆、悬梁刺股一样，时刻警示自己和激励大家。

彼时，恰逢全党系统学习 2019 年 10 月 28 日党的十九届四中全会审议通过的《中共中央关于坚持和完善中国特色社会主义制度　推进国家治理体系和治理能力现代化若干重大问题的决定》。新领导班子将改变内外交困局面作为学习、贯彻和落实这项重大决策的"试金石"，干以前想干而没干成的事，解决以前想解决而没解决的问题。

最终，兰州农商银行坚定不移地走上了零售转型的新路，新路的"新"，主要体现在三个方面，即以零售资产端为切入点、以全行性参与为支撑点、以数字化驱动为主引擎。

1.1　"在泥泞的路上负重前行"

看待一项事业，不仅仅要看结果，也不仅仅要看过程，更应该看事业基础。兰州农商银行零售转型的基础是两个"基本盘"。

第一个"基本盘"是时间维度。兰州农商银行零售转型，可以说是"生不逢时"。从 2019 年开始，在国家政策的引导下，国有大行全面下沉，全力推广普惠口径贷款；而且，随着疫情的冲击，无接触式服务成为客户的刚性需求。

这些情况给兰州农商银行新确立的零售转型战略带来了巨大的挑战。

---

① "恳请批复事项"的重点是"四大项目"，分别为人力资源改革、数据和风控管理平台建设、流程银行建设、全面绩效考核管理系统建设。

② 引自甘肃省农村信用社联合社文件《关于兰州农商银行改革试点的批复》（甘信联复〔2019〕212 号）。

而在2021年下半年，"金城快贷"（后文介绍）基本就绪、2022年开始准备全面冲刺的时候，疫情放开之后又出现了一个新的情况，那就是客户需求锐减，且贷款利率一降再降。

第二个"基本盘"是空间维度。兰州农商银行有两个显著的标签：一是地处中西部欠发达地区，二是省会城市。前者决定了零售转型的经济基础，后者决定了市场竞争的激烈程度。

过去五年是我国经济调整的阵痛期。兰州市地区生产总值（GDP）增长缓慢，"2023年经济总量虽属全省第一，但4.4%的增速不仅低于全国平均增速，也低于全省平均值2.4个百分点"[①]。

我们都知道，金融是以经济为基本依托的，特别是零售业务与当地人均收入直接相关。没有足够好的经济"基本盘"，就相当于是在贫瘠的"土壤"上"育种""插苗"，成活尚属不易，能够茁壮成长则更加艰难。

过去五年也是国有大行下沉最快、最彻底的五年。从全国情况来看，国有大行转战零售和普惠小微贷款市场。2019年到2023年，国有大行普惠小微贷款年均增速保持在35%以上，市场份额从25.9%提高至39.8%，不断地挤压着中小银行的生存空间。

从兰州的情况看，各类银行有20多家，仅兰州农商银行总部周边就有四大银行、股份制银行、地方性银行十余家，而且多是直接面对省级分行的竞争。其中，国有大银行先于兰州农商银行开启零售转型步伐，凭借强大的品牌优势、超低的产品价格和高效的科技手段，一路攻城略地。待兰州农商银行重新返回主业阵地时，已是"红海一片""硝烟弥漫"。

基于这样的两个"基本盘"，兰州农商银行的零售转型注定是一场艰

---

① 王剑：《兰州，"难在何处"？》，《砺石商业评论》（2024-06-20），http://baijiahao.baidu.com。

难的旅程。从战略确定到整体推动，总共进行了五年，但真正意义上的转型时间只有两年多。因为，前三年的主要工作是在补短板、填空白、打基础。

复盘这段过程，总体上可以划分为起步、稳步、进步三个阶段。

起步阶段

这一阶段主要集中在2019年4月到2020年12月。好的开始是成功的一半，但是，"好的开始"谈何容易。

彼时，兰州农商银行面临着体制机制过渡、经营机制转换、新旧风险叠加、业务发展转型"四期叠加"的挑战，以及背后的内控制度缺失、思维理念守旧、流程体制不畅、科技支撑不足、合规理念弱化等诸多短板和历史包袱沉重、违规问题频发、化险任务艰巨等多重不利因素。

外部审计机构给出的意见是，80%的存款来源于高价存款，六大户的存款达到180亿元，年化利率高达5.3%；资产端同样是靠少数客户维持，而且大多数投向少数行业，1亿元以上的贷款余额占总贷款数的76%，全行7%的客户占据了78%的信贷资源，个别一级支行的存贷款业务仅仅依靠三四家公司客户在支撑，导致一连串问题的集中暴露。可以说，都是大业务惹的祸。

在这些因素的综合作用下，总行领导班子成员、中层干部整天被繁杂的事务、冗长的流程，尤其是时常突发的历史遗留问题、客户投诉上访等问题困扰，工作无法正常有效地开展。

因此，兰州农商银行的零售转型起步是在化险之中打基础，需要在纷繁复杂的局面当中，保持"人间清醒"①。当时，重点做了三项工作，分别为顶层设计、优化人力资源和启动绩效改革。

———————————

① "人间清醒"是一个网络用语，意思是在繁杂的世间，始终保持清醒，找准自身定位，不迷失自我。

顶层设计主要是将"坚持'服务三农、服务小微、服务社区'的市场定位"和"坚持零售转型"写入了章程。同时，在此基础上，制定了零售业务发展规划，明确了体系化推进零售转型的数字化管理、人力资源管理、全面风险管理、财务管理、运营管理、客户管理六大体系建设，解决"干什么""如何干"的问题。

优化人力资源主要是组织了第一次"三定"工作，按照零售转型的需要，选拔干部，调整岗位，并且大力度地撤并网点，释放人力资源，充实到营销队伍当中。这个阶段，将客户经理人数增加至675人，在不具备其他条件的情况下，起码实现了"有人干"的目标。

启动绩效改革首先从加强预算执行监督和费用审核开始，将有限的财务资源配置到零售业务上。在此基础上，设立专职考核部门，建立绩效考核制度，搭建绩效考核系统，用利益激励的方式，引导员工参与到零售转型中来，并且实现了"愿意干"的目标。

稳步阶段

这一阶段主要集中在2021年1月到2022年8月，主要任务是"上台阶"，重点是通过产品研发和科技赋能，让客户经理手中"有枪""有炮"，并配套多项措施，实现信贷客户基数的快速做大。

产品研发方面，2021年8月，开始推广"金城e贷"（2022年9月更名为"金城快贷"），主要采取线上、线下相结合的方式，切实解决了转型初期"大业务干不了、小业务没产品"的问题，并且实现了利用科技放贷零的突破。

科技赋能方面，2021年4月，上线了新零售平台，建立起了零售转型的科技基础。5月，加载"金城推客"功能，搭建云端网点，通过合伙人的方式，拓宽获客渠道。7月，加载"金城驿站"社群金融平台，构建基于社区的全金融生态，实现金融产品有效触达。2022年8月，上线智能零售信贷平台，再造了信贷流程，实现了集中化、流程化、智能化作业。一系列科技系统的建立，助力零售转型进入了加速时刻。

措施配套方面，重点是四个措施。一是固化"四季营销"模式，全年划分为四个季度，开展不同主题的竞赛活动，分别为开门红、赢在盛夏、相约金秋、决胜四季度。相比于许多银行侧重于营销的做法，兰州农商银行更侧重于锻造激励机制、工具支撑等基础上的系统能力。二是引入战略管理，突出正向激励，绩效挂价围绕核心指标设立，并依据岗位实行差异化考核。配合四季营销，按季设置专项奖励，将绩效资源大力度地向一线倾斜，给营销人员创造各类不断赚钱的机会。三是推行"六个一"拓客模式，即"一个支行一个特色、一个商圈一个产品、一个区域一个团队"。四是开展党建联建，向域内农村、社区等组织派驻金融专管员，承担金融与非金融双重职责。

进步阶段

这一阶段主要是从2022年9月开始。随着绩效考核、科技基础、产品研发、管理制度等方面的基础夯实和试点推动，零售转型才算是迈上了正常轨道，因此，接下来的任务就是"提质效"。通过两年多的努力，零售转型不仅实现"量""质"齐飞，线上贷款累计投放170多亿元，而且逐步固化形成了独特的营销模式和管理模式。

在营销端，逐步形成和构建了"'四个点亮'多渠道触达与获客—各类产品提供—'金城随手办'现场办理—'金城随手办'移动审批—客户互动经营"的全流程营销闭环。

在管理端，逐步形成和构建了管理中台框架。相比于各类传统竖井式管理系统设计，管理中台以精细化管理平台为支撑，将制度—流程—系统做了贯通，实现了"两个再造"，即以客户为中心再造业务流程、以业务流程为主线再造管理流程和决策流程。

通过这样的回眸与描述，我们的眼前仿佛可以看到这样一幅景象：一个人背着重负，在风雨交加的泥泞道路上艰难前行。而这，就是兰州农商银行零售转型的真实写照。

1.2 "三座大山"

兰州农商银行的零售转型好比是"在泥泞的路上负重前行"，负重就是背负"三座大山"，分别为"不良资产大山""负面思想大山"和"市场竞争大山"。

"不良资产大山"

由于投放了大量的大额贷款，加之管理不善，大量的不良贷款产生，甚至惊动了高层决策者。兰州农商银行用真金白银的损失换来的教训表明：小银行是做不了大贷款业务的。

为什么小银行做不了大贷款业务？可以从三个角度查找原因、说明问题。

从小银行的角度看，主要是三个原因。一是小银行缺乏行业研究能力，容易成为国有大银行主动退出的大额贷款的"接盘侠"；二是小银行受地方关系干扰严重，尤其是省会城市，容易让许多贷款审核流于形式；三是小银行的风险承受能力弱，出一笔不良贷款，很可能几年都翻不了身。

因此，小银行做大额贷款业务，应该是没有选择的选择，而不是主动选择。即使做大额贷款业务，也需要把握好结构问题，应该是小额贷款业务占主体，大额贷款业务做补充，而不是相反的信贷结构。

从市场竞争的角度看，相比于国有大行，兰州农商银行在大额贷款领域几乎没有任何明显的竞争优势。如果连国有大银行都不愿、不敢做的客户，那么，这类客户的资质本身就值得怀疑。

这背后的逻辑在于，人们习惯上认为的小银行的灵活优势，是对小额贷款客户的，不是对大额贷款客户的，因为灵活具有两面性，"船小好掉头"，但"船小也容易翻船"。

从市场主体的角度看，兰州当地的大额贷款客户基本上是可以数得过来的，各家银行也都盯着呢！

这些客户主要分为三个类别：第一类是央企、国企等大型企业，这类企业要么自己有直接融资渠道，要么与国有大银行做了顶层合作，小银行根本没有介入机会；第二类是地方企业，这类企业由甘肃省、兰州市两级财政入股的银行优先对接，基本堵死了小银行介入的可能性；第三类是各类民营或者规模较小的企业，这类企业本身处于成长期，风险大也是大概率的事情。

正是因为逻辑混乱，没有看到这样的底层逻辑，导致过去的兰州农商银行信贷资源错配，"越努力，挖坑越深"，进而造成了不可挽回的损失，造成了惨痛的教训。

"负面思想大山"

不良贷款处置的背后是对人的处理。虽然兰州农商银行领导班子尽可能周全，但仍有三分之一以上的员工由此受到各类处分。身边的人受到处罚，也让更多的员工"噤若寒蝉"，思想波动巨大，都不愿意干客户经理，更不愿意放贷款。即使有一些客户经理做业务，长期的"坐商"思维惯性，叠加缺乏有效的产品和技术支持的问题，导致"迈不开腿、张不开嘴、敲不开门、见不上人"的情况大量存在。

在这样的氛围中，每个人的心中都笼罩着一层阴云，上班成为没有选择的选择，不能"躺赢"，那就"躺平"，"过一天算一天"，对未来，基本上不抱任何期待。

"市场竞争大山"

由于错失了2019年前的最佳转型"时间窗口期"，兰州农商银行的主责主业——普惠金融领域已经从"蓝海"变成了"红海"，让本来应该是"东道主"的兰州农商银行，反而变成了"新进入者"。同时，作为省会城市的农商银行，由于城市化程度不断提高、农村服务区域缩减等原因，丧失了传统竞争优势，"与大象共舞"，已经成为市场竞争不可避免的现实。

教训比经验更重要。这"三座大山"，让兰州农商银行学会了许多银行没有遇到的知识，领悟到了许多其他银行所没有经历的道理。但是，就像大自然的现象一样，当冰雪消融的时候，春天的脚步已经越来越近了。

1.3 从学习者到"被学习者"

在通往春天的路上，过程是艰苦的，但希望是美好的。兰州农商银行通过自我批判、政策内化、学习考察，更加坚定了零售转型的步伐。

自我批判：必须要转型

新领导班子在处理历史遗留问题的同时，以过去的教训为警示，深刻地认识到必须要转型。小银行做不了大业务，不能再走过去的老路，必须把极度失衡的业务结构、客户结构调整过来。

但在新的环境下，做小业务也不是那么容易的，需要结合客户需求的变化，预判市场竞争的实际，特别是要借力科技进步的成果，采用"全行零售"的方式来推进，将过去的条线业务上升为全行战略，总行党委做好顶层设计和高位推动，除了专门的清非支行和人员之外，各个支行和全体员工都要参与到转型大业中来。

政策内化：不得不转型

兰州农商银行主动与地方监管部门沟通和汇报零售转型构想，并获得了监管部门大力支持，将《关于推进农商银行坚守定位 强化治理提升金融服务能力的意见》①等监管政策内化为实际行动，从心底认同监管政策的"严管厚爱"。

根据监管要求，兰州农商银行切实回"支农支小支微"的服务定位，确保城、农服务并进，严格执行国家宏观调控政策和产业政策，严格限控行业信贷投放，新增授信主要以1000万元以下小微企业贷款和500万元以下个人零售贷款为主，有序退出"管不住、管不好、管不精"的大中型客户业务，沉浸式服务普惠客户，并确保新增贷款放得出、收得回。

考察启示：一定要转型

兰州农商银行于2019年8月组成由"三长"带队的三个考察组，奔赴山东、江苏两家省级联社和天津、武汉、青岛、扬州、紫金、大丰六家农商银行，重点围绕公司治理、风险防控、流程银行、绩效薪酬、合规建设等方面进行了深度交流学习。

这次学习，给了参与人员极大的震撼，让大家感受到了巨大差距的刺激。特别是江苏大丰农商银行支行，给人的印象极为深刻。一个当地人口60万左右的县域农商银行，贷款户数超过10万户。反观兰州农商银行自身，在全市430多万人口（含三县五区）的城市里，贷款户数仅仅是大丰农商银行的十分之一左右，而且其中大部分是按揭贷款，由此导致的各项经营指标更是无法望其项背。

这次大丰之行充满波折，却又有意外收获。当时，正在北京参加会议的兰州农商银行主要负责人深刻地感受到，参与交流的这些银行的做法都很好，但是，这些做法不符合兰州实际，兰州农商银行学不来。后经人推荐，才绕道前往江苏大丰农商银行学习考察。两个单位从此结下

———————————

① 原中国银行保险监督管理委员会办公厅发文，文号为银保监办〔2019〕5号。

了不解之缘，出于"天下农信是一家"的情怀，"江东豪杰"与"西北汉子"常态交流，互通有无。借助同业的成熟经验，善用"外脑"的力量，也成为兰州农商银行转型路上的一个重要特点。

古人讲，"知耻而后勇，知弱而图强"，兰州农商银行就是这句古训的最好证明。正如其内部文件中讲的那样，"要敢于承认落后，但绝不甘于落后"。兰州农商银行的零售转型，本质上就是在锻造这种"图强"的能力。

正是这种转型能力和成果，吸引了来自全国各地各类银行前来考察学习。仅以2023年为例，就有来自江苏、河北、河南、山东、青海、黑龙江、山西、陕西、新疆、江西、广西、内蒙古等省区的数十家银行前来交流，其中，既有省级联社，也有市级、县级法人机构；既有农村金融机构，也有城市商业银行。而且，这些机构在表达赞叹之余，也在陆续引入和实践"兰州模式"。

真正的高手都是善于学习者，优秀的银行都具有学习型组织的特征。从学习者到"被学习者"，兰州农商银行的零售转型经验，就像电影故事里面的反转情节一样，直观的感受是意料之外，但深入其中，细细体会，又会感到在情理之中。

第2节
"金字塔"转型模式

之所以说是情理之中，是因为兰州农商银行的零售转型是一个系统性工程，可以概括为"金字塔"转型模式（见图1）。这一模式契合了兰州农商银行零售转型的实际，穿透了新的竞争条件下零售转型问题的本质，找到了省会城市农商银行零售转型的基本规律，也为未来的长远发展提供了理论指引和能力支撑。

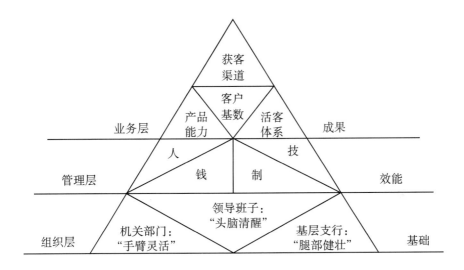

图1 兰州农商银行零售"金字塔"转型模式图

总体来看，这一模式是一个三角形框架。分解开来，可以分为业务、管理、组织三个层面，三个层面分别承担着成果体现、效能提升、基础支撑三个方面的作用。

最高层是业务层，这是最直观的反映，重点解决"干什么"的问题。主要是围绕客户基数这个核心命题，以零售信贷为切入口，从客户获取开始，到产品提供，再到活客体系构建，形成了一个完整闭环，其最终的作用是转化为实实在在的业务成果。

中间层是管理层，这是最主要的推动力量，重点解决"怎么干"的问题。主要是通过机制激励与约束、技术与工具赋能，发挥人（人力资源）、钱（绩效考核）、制（管理机制）和技（科技支撑）四个关键要素的作用，以此推动零售转型的效能提升。

最底层为组织层，这是最核心的依托，重点解决"谁来干"的问题。主要是从领导班子决策的"头脑清醒"、机关部门协同的"手臂灵活"、基层支行执行的"腿部健壮"三个维度，夯实转型的组织基础，确保"万丈高楼平地起"的效果。

可见，兰州农商银行的零售转型，表面是业务转型，实则是全面的管理进化和组织变革。三者互为依托，互相影响，形成了稳固的转型体系。

2.1 业务层：构建"三角闭环"

业务层的主要功能是成果体现，既是整个体系的最表层，也是整个体系运作的最终结果。这一层可以概括为"一个中心""三个基本点"。

一个中心

一个中心就是以客户基数为中心。这样确定的原因在于两个方面：一方面，从客户规模看，2019 年末，兰州农商银行的客户总量占兰州市总人口户数的比例较低；另一方面，从客户质量看，客户数的有效性、活跃度是严重不足的，导致付息率居高不下。

要想解决这些问题，需要从短期和长期两个维度来布局。兰州农商银行的策略是，短期看户数，长期看互动。也就是说，短期之内，抓紧建设获客渠道，投放零售类贷款，快速做大有效客户基数，主要解决客户的贡献度问题，兼顾客户活跃度问题；长期来说，构建客户运营体系，建设各类金融场景，重点解决客户活跃度问题，在活跃度中寻求长期贡献度。

三个基本点

三个基本点分别为打通获客渠道、提升产品能力、构建活客体系，让客户进得来、留下来、动起来，实现有质量的客户服务，而不是有规模、无互动的客户服务。

打通获客渠道，是在传统网点、手机银行等渠道的基础上，增加网格化营销、裂变营销等营销手段和获客渠道，并在这一过程中，注重渠道之间的协同、渠道与客群的适配、渠道与场景之间的畅通，实现一个客户的一次服务的背后，是多个渠道、多个场景的联动运作的效果。

提升产品能力，并不是增加多少产品种类，而是洞察和响应客户需求变化的能力。银行产品不同于一般消费品，银行产品的本质是一种服务，这种服务的核心是能不能提前预判客户需求和跟随客户需求变化进行及时响应。相比于简单的产品设计，这种能力的打造更加复杂和艰难，但只有拥有了这种能力，才能真正触及产品的本质。

构建活客体系，则是针对过去"边获客、边流失"的问题所做出的一种尝试。过去，营销客户好似"猴子掰玉米"，只注重获客，不注重留客，导致许多优质客户流失和徒增许多经营成本。

这种现象不仅兰州农商银行过去存在，许多银行现在仍然存在。兰州农商银行利用"科技+人工"的方式，在注重获客的同时，也注重经营客户，分别从新增客户和存量客户两个角度分类施策，努力实现"远亲不如近邻"的互动效果。

概而言之，兰州农商银行零售业务的基本原理是，"做零售就是做客户，做客户就是做交情，做交情就是做互动"。围绕"客户基数"这个中心，通过获客渠道、产品能力、活客体系三个基本点的打造，构建起一个"三角闭环"，形成"客户—交情—互动—客户"的基本脉络，进而实现零售业务的规模、成本、盈利三者之间的有效平衡。

2.2　管理层：搭建"四梁架构"

零售业务的有效平衡，源于业务层下面的管理层，这一层的主要功能就是为零售转型发挥提效增能的作用。实现提效增能，核心在于解决人、钱、制、技四个问题。

人：有人做

关键是增加客户经理的人数，提升客户经理在全体员工中的占比。过去，兰州农商银行主要做大业务、大客户，造成了严重的人力资源浪费。一方面，做大业务、大客户不需要很多人参与，大量的员工"囤积"在机关、柜台无事可做。另一方面，员工由于没有参与感，就没有了展现价值的平台，无法感知单位与个人之间的利益联系，产生了严重的文化疏离现象。

为了保证零售转型顺利推进，兰州农商银行通过向一线绩效倾斜等方式，引导机关富余人员，充实到客户经理队伍当中。同时，通过自助机具替人、网点岗位角色调整等方式，将柜台里面的人员分流到柜台外面从事营销工作。因此，客户经理和营销经理人数占比达到了60%以上。这在兰州农商银行的历史上是没有的，放到全国同业中，也是少有的。

兰州农商银行的实践表明，对于中小银行来说，"人"的服务是零售转型的关键一招。而"人"的服务的前提是有大量的人，主要是客户经理。

其背后的逻辑主要是两个。一是中小银行的零售转型模式，不可能像各类头部银行一样，有那么多优质客群可以提升AUM（资产管理规模），更多的是普惠客群、需要辅导的客群、需要面对面服务的客群。因此，"人"的因素更加重要。二是中小银行的零售转型需要数字化，但这是在"补短板"，而不是在"拉长板"。中小银行需要"补短板"，但这不可能成为比较优势，中小银行的"长板"还是在于"人"，需要用科技的方式，不断放大中小银行的"长板"优势。

钱：愿意做

主要是通过绩效考核，调动更多的人参与零售转型，并且使他们有主动性、积极性、创造性。兰州农商银行在转型初期，主要的激励手段就是绩效考核。

和员工谈钱，不可耻，但要鼓励员工光明正大挣钱。

绩效考核主要分为两个阶段。第一个阶段是以规模为导向的绩效考核，主要是激励员工做大、做多贷款客户基数，以此带动各项经营指标规模"上量"。第二个阶段是以效益为导向的绩效考核，在"上量"的基础上"增效"。

通过绩效考核的牵引，不仅让员工挣到了钱，还让总行实现了转型意图，也把员工的利益与全行的利益紧紧地联系在了一起。可以说，满足了员工，成就了全行。

制：规范做

实现"规范做"，主要的抓手是流程银行建设。从兰州农商银行的实践情况来看，流程银行的基础是制度，关键是流程，支撑是科技，三者缺一不可。转型初期，兰州农商银行本着制度先行的理念，弥补了过去大量的制度空白，整整汇编成1700多页的三大本制度手册。

有了制度，只是迈开了第一步，还需要有流程衔接。但这也远远不够，许多银行之所以有制度、有流程，却很难执行，问题不在制度和流程本身，而是没有用科技的方式固化下来，让制度执行和流程运转留痕。这也是兰州农商银行自我批判的一个成果，并且切实整改过来，真正构建了制度—流程—科技"三件套"组合的流程银行模式。

兰州农商银行在此基础上并没有止步，而是在流程银行的基础上，创造出一个管理中台的新模式。

所谓"管理中台"，就是基于流程银行建设这个基础，以数据联通为手段，以流程运转为主线，以科技固化为依托，实现了财务、风险、营销等领域管理的统筹与集中，将各类管理流程从并行模式转变为伞状模式，不仅规范运作，而且高效统筹。这在全国同业当中属于首创，而且可能成为未来新管理模式的"拓荒者"。

技：高效做

兰州农商银行依托甘肃省农信联社科技大平台，从业务和管理的需求出发，采取自主创新、外部联合等方式，做了许多个性化开发。这些开发成果，一端连着甘肃省农信联社，一端连着客户，切实发挥了有效的辅助作用。

在零售转型纵深推进的同时，兰州农商银行按照监管部门的要求，借助数字化的方式，全面提升零售转型的"质"与"量"，初步构建起了底层技术支持、中间数据转化、顶层业务、管理和决策应用的数字化转型体系，蹚出了一条"多快好省"的零售数字化道路。

人、钱、制、技犹如兰州农商银行零售业务的"四梁架构"，从管理的角度，撑起了转型的总体框架。"人"让零售业务"有人做"，"钱"让参与人员"愿意做"，"制"让"愿意做"的同时"规范做"，"技"让"规范做"的同时"高效做"，进而让兰州农商银行的零售转型转得快、转得稳、转得好。

2.3 组织层：重塑"三重角色"

无论是业务层，还是管理层，都需要建立在组织层的基础上。《组织的力量：增长的隐性曲线》一书中指出："一个企业能否长期持续成功，不仅仅取决于产品力、渠道力和品牌力，更重要的是组织力。组织的力量是企业在剧烈变革和转型时代中保持竞争力的关键。"[1]兰州农商银行

---

[1] 张丽俊：《组织的力量：增长的隐性曲线》，机械工业出版社2022年版。

的零售转型，从领导班子、总行部门、基层支行三个层面锻造组织力，进而形成了一定的竞争力。

领导班子

在零售转型的前三年，兰州农商银行的组织能力可以比作"火车模式"，就是人们常说的，"火车跑得快不快，全靠车头带"。当时，大家对于零售转型认识不充分、思想不统一，甚至还有人怀疑。兰州农商银行领导班子始终保持"头脑清醒"，坚定这是一条艰难而正确的道路，大家有质疑是正常的，是好事，说明大家关心这个事情，怕就怕漠不关心。通过采取会议动员、分头调研、对话员工、机制激励等方式，大家慢慢跟上了节拍，走上了正轨。

步入正轨之后，新领导班子刻意弱化"火车头"的角色，将权力交给机制，将"发动机"装在每个部门、支行和员工身上，并从利益驱动提升为文化驱动，从依靠"火车头"转变为依靠每一节车厢的"动力集成"。由此，兰州农商银行后两年的零售转型逐步演进为"高铁模式"。

总行部门

零售转型的过程中，新领导班子同步推动机关部门职能转型。对于机关部门的要求，主要是两项，一是专业，二是灵活，通过部门职能的有效发挥，让总行的决策部署如影随形、如臂使指。

"专业"是要成为本条线的"行家里手"，"灵活"是要快速贯彻决策层意图、快速响应一线需求。各个部门都要"向前一步"，从过去的管理为主，到管理与赋能并重，特别是前台部门，要求真正做到支行呼唤"炮火"，"炮火"及时送达。

基层支行

兰州农商银行主推"大支行"管控模式，参照行政区域划分，考虑服务饱和度，设置一级支行，内设业务、风险、财务、综合等职能部门。

相比于总行部门设置侧重细化分工、体现专业能力，一级支行的部门设置更侧重职能整合、体现精干效能。而且，这种部门设置，在农村中小银行区域化整合的当下，很有示范意义，相当于是做了彩排或者预演。

对于这些一级支行，总行会精挑细选业务和管理能力俱佳的干部担任一级支行行长，并做到零售业务充分授权，以此来加速零售转型战略的落地。

这种支行设置模式，至少具有三个好处。一是传承过去，符合实际。这是在过去的农信社"势力版图"上按区域做了微调，可以减少阻力，顺畅推进。二是推动发展，发挥一级支行的"前线指挥部"作用，一级支行贴近市场，了解客户，可以因地制宜地开展工作。三是培养干部，可以帮助这些干部快速成长。事实也达到了这样的效果，多位一级支行行长经过锻炼，被直接提拔到其他法人机构担任董事长、行长。

在一级支行下设若干二级支行，二级支行秉持集约的原则，彻底改变了过去"一个楼上、两个支行"等重叠设置、资源浪费的现象。二级支行的定位是"战斗单元"，二级支行行长既是决策执行者，也是业务推动者，兼任客户经理。同时，将员工主要配置到二级支行，一线员工占比达到85%。

基础不牢，地动山摇。许多银行零售转型推动缓慢或者收效甚微，根本原因就在于只做了业务层面的推进，或者管理层面的改进，但没有进行组织基础的深度变革，因此，很难保证最终的成果。

其背后的逻辑在于，再好的业务布局、机制建设、技术提供，最终都需要高效而有力的团队来执行。兰州农商银行领导班子的"头脑清醒"、机关部门的"手臂灵活"、基层支行的"腿部健壮"，重建了这三个层次的角色设置，形成了"头""手""腿"协同并用的零售转型"体格"。

从"一份沉甸甸的批复"，到"金字塔"转型模式，兰州农商银行以综合改革试点为"土壤"，培育出了零售转型这棵"小树苗"，并且呈现出加速生长的良好发展态势。尤为珍贵的是，在零售转型的过程中，形成了崭新的、向上的、蓬勃的企业文化氛围。可见，这条路是对的。路对了，人心就齐了。"人心齐，泰山移。"有了这样的气象，不管有多大的困难，都阻挡不了兰州农商银行始终前进的步伐。

第 2 编

业 务 编

银行历来都有"三驾马车"之说，所谓"三驾马车"，分别是同业业务、对公业务、零售业务。从理论上讲，这"三驾马车"都应该成为一家银行的收入来源。

从实际情况来看，除了少数大型银行之外，大多数中小银行由于实力、人才、市场等因素的制约，很难做到面面俱到。因此，突出某一板块业务特长，形成差异化、特色化发展路径，成为务实之选。

在探索差异化发展的道路上，兰州农商银行旗帜鲜明地提出大零售转型的战略目标，并围绕这个目标，重点从两个方面做出了积极的探索。

一方面，是以客户基数为中心，构建了从获客到产品供给，再到客户运营的"三角闭环"。这种体系化的做法，每一个环节都有的放矢，充满了创新与务实的特征。

获客是基于兰州农商银行有效客户少的实际，采取"请进来"、"走出去"、联动起来三种方式，实现零售业务"全员做"和"批量做"有机结合的举措。

产品供给是基于各家银行产品雷同的实际，将简单的产品要素组合，转变为快速响应客户需求的能力，实现组织协同、科技效率和产品简化的有机结合。

客户运营是基于大行下沉"掐尖"和自身客户流失等实际，通过线上分析与线下跟进的方式，实现客户洞察、分类维护和常态互动的有机结合。

另一方面，在做好零售类客户的同时，积极拓展小微客群，力争将小微业务打造成为兰州农商银行的"第四驾马车"。

这是一个非常富有想象力的探索。在大行下沉、利率下行的今天，对于信息高度标准化的客户竞争，已经成为竞争的"红海"，而那些信息相对非标准化、还需要线下人力补全信息的客户，还属于"蓝海"。在这种背景下，兰州农商银行具有"点多面广人多、人缘地缘亲缘"等优势，反倒是具有明显的比较优势。

"冰冻三尺，非一日之寒。"融冰之路，也难一蹴而就。做小的零售业务，本身就是一个聚沙成塔的艰难过程，更何况还要"以小补大"，用零售业务去补上之前的大额空缺，兰州农商银行通过"三角闭环"和"第四驾马车"的"双管齐下"，推动了贷款结构发生积极的变化，千万元以下的贷款占比五年翻了六倍。

事实证明，相比于"头疼医头、脚疼医脚"的做法，兰州农商银行所构建的获客体系、产品体系、活客体系三大体系，不是仅仅消除"癣疥之疾"，而是做到了"全身治疗"。而这种"疗法"虽然艰难且漫长，可一旦成功，那就是脱胎换骨的效果，既可以保证当下"过得去"，也能够影响未来"过得好"。

第2章
从获客端切入

真正的高手，往往是那些能够找到核心问题的人。零售转型初期，兰州农商银行面临的问题林林总总，面对的困难纷繁复杂。虽然顶层设计全面且长远，但再大的布局，也要找到"小切口"，才能"牵一发而动全身"。

基于当时最大的问题——信贷客户数量不足，兰州农商银行将"小切口"选在了信贷客户基数上，将获客作为零售转型的第一要务，并采取的是新老结合的"获客模式"，既不放弃"点多人多"等传统优势，也不拘泥于此，故步自封，而是积极地拥抱时代潮流，借助科技的方式，重点通过"请进来"、"走出去"、联动起来等多种方式，整合各类资源，扩大获客范围，提升获客效率，实现了每年净增信贷户数万户以上的效果。

第1节
"请进来"

兰州农商银行在兰州银行业中网点最多、从业人员最多，这既是优势，也是劣势。优劣势之间的转化，在于能不能将这些资源有效地"用起来"。"用起来"就是竞争优势，"用不起来"就是成本劣势。如何"用起来"？兰州农商银行的做法主要是三条：一是推动网点转型，将网点功能从业务办理型转变为业务营销型；二是推动人缘地缘优势"变现"，大力发展合伙人，实现裂变营销；三是推动社群金融，借助微信的巨大流量，以社交路径促进获客的同时，为客户运营打下基础。

1.1 网点"四类转型"

近年来，各家银行大力裁撤营业网点。国家金融监管总局数据显示，2023年宣布退出的银行网点共有3192家，2024年上半年退出1401家，2024年全年退出量呈现扩大趋势，相比于2023年增加200家左右。银行网点退出的原因有许多，包括市场竞争加剧、业务模式转型、科技替代增强、盈利能力下降等。

兰州农商银行在转型初期大力裁撤冗余网点、优化网点布局之后，将工作重点放在解决网点投入与产出不平衡的问题上。解决这一问题的方式，是在实行分型管理的基础上，推动网点进行"四类转型"。

分型管理是按照网点所处区域和业务类型，将营业网点划分为综合型网点、零售型网点、涉农型网点三种类型，在存量贷款管理及新增贷款营销、推荐、投放上给予不同权限。

四类转型分别为"硬"转型、"软"转型、数字化转型和生活化转型。

"硬"转型

按照甘肃省农信联社VI识别体系要求，全面优化各个网点的标准形象，重点是优化网点布局，合理划分功能区，给客户营造舒适的业务办理环境。

"软"转型

重点是推行单人临柜和岗位角色转型，释放营销人员，提升服务体验。

所谓"单人临柜"，是将之前的双人临柜办理业务模式转变为单人临柜办理业务模式，网点运营主管或大堂经理担任复核等职责，以此解放出一名柜员，从事网点营销或配合外拓营销工作。

所谓"岗位角色转型"，是建立以运营主管为统筹、各个岗位分工协作的客户服务与营销流程。营业大堂实行"双大堂经理制"，大堂经理与安全员互为AB角，承担引导与营销职责。临柜人员在承担办理业务的基本职责之上，还承担"一句话"营销的职责。客户经理主要办理信贷业务，并作为综合营销、交叉销售的主力军。

数字化转型

主要是增加自助机具、匹配有效工具和实现线上线下的协同。

增加自助机具方面，主要是为每一个网点配置多种自助设备。除了极少数业务之外，自助机具基本可以替代柜面办理。兰州农商银行通过柜面业务替代率等指标考核，让员工引导客户在自助机具区域办理业务，逐步建立客户使用自助机具的习惯，并利用手把手、肩并肩交流辅导的机会，做好交叉销售。

在匹配有效工具方面，兰州农商银行研发了名为"赢在厅堂"的小工具。客户进入网点后，大堂经理会引导客户在智能叫号机前刷身份证，并通过客户360°画像，精准掌握其产品使用情况，进而可以有针对性地营销，切实提高营销达成率和客户体验度。

线上线下协同方面，主要是在网点做好手机银行下载、绑卡等营销动作，引导客户通过手机操作，尽可能线上办理贷款申请等业务。对于线上转移到线下的业务，通过网点办理或者上门服务的方式，在规定时间内办理完结。兰州农商银行还上线了"在线智能客服"，培养客户在线咨询服务的习惯，实现了"7×24小时"金融服务。

生活化转型

主要是将政务、商务等场景引入网点，比如税金缴纳、工商办证、直播购物、征信查询等场景，在为客户提供金融与非金融服务的同时，也实现了客户引流。

网点转型的实质是渠道获客的升级，无论是哪种转型，兰州农商银行的目标是把网点资源做最大化利用，并以此为"大本营"，做好各项业务营销的统筹调度工作，通过一个阵地到另一个阵地的稳步推进，最终确保总体战略目标的实现。

1.2 "金城推客"

在将客户请进网点的同时，兰州农商银行还为客户经理"请帮手"。"请帮手"的一个主要方式是推行"金城推客"模式。"推客"是一个微商的概念，直接的意思是"懂得网络推广并应用的人"。兰州农商银行借鉴其意，将其引申为客户裂变营销之意，旨在在兰州地区形成以客户经理为点、以裂变人员为辐射的营销新局面。

人们常说，中小银行具有人缘地缘亲缘的优势，但是，这往往是一个概念性的判断，具体如何做，其实很少有抓手。"金融推客"的探索，就是将概念性的判断变成可操作的方式。

"金城推客"的核心原理是合伙人机制，旨在通过合作共享模式，弥补营销人员不足、拓宽业务渠道有限等短板。通过引入外部分销渠道，主要是商户，进而触达更多的客户群体。

对于合伙人来说，主要的诉求是两个：一是有钱赚，二是好操作。这两点，兰州农商银行都给予了客户充分的满足。

有钱赚

合伙人所推广的客户成功签约后，其业绩计入推荐的客户经理名下，双方按照约定规则实现奖励分成。这种收益的本质是每个合伙人的"人脉变现"，对于合伙人来说，只是"多句话的事情"，不需要额外付出。更主要的是，这是帮助人脉圈解决金融难题，不是硬性推广一般意义上的产品，不仅不会让受荐人反感，反而会让受荐人对推荐人增加些许信任。

好操作

"金城推客"是一个小程序，无准入门槛，人人可参与。合伙人只需要扫码注册，就可以成为"金城推客"的合伙人。对于合伙人不懂金融、不会营销等问题，直接跳转"金融超市"，由合伙人推荐人员自行挑选即可。

所谓"金融超市"，就是将兰州农商银行的存贷款等金融产品，像超市货架上陈列的消费品一样，摆到小程序的界面上。有需求的客户可以直接点击目标产品，完成申请或提交咨询请求，无须反复切换页面或提交烦琐的材料。每种金融产品均附带详细说明，包括产品特点、适用人群、可获得收益等，帮助客户快速决策。客户也可以在线咨询，通过平台直接联系专属客户经理，获得实时解答和指导。

"金融超市"也会定期搞活动，推出各种优惠活动、限时促销或增值服务，通过小程序内的公告或通知功能告知用户，吸引更多客户参与其中。下面，我们来看一个具体的案例。

小店主也可以当"明星合伙人"

张女士是一位经营社区便利店的小店主，她的便利店位于兰州市七里河区，周边居民众多，客流量稳定。平时，张女士与顾客相处得比较融洽，但最大的困惑就是店铺的日常经营利润有限。

兰州农商银行客户经理在走访的时候，给她介绍了"金城推客"模式。张女士非常感兴趣，抱着试试看的心态扫码注册，正式成为"金城推客"合伙人。

起初，张女士并不熟悉金融产品，也担心推荐会让别人反感。为此，七里河支行的客户经理为她提供了详细的培训和指导，帮助她了解"金城推客"的操作流程和金融产品的基本信息。很快，张女士意识到，她并不是在强行推销，而是通过分享专业建议，为身边的人解决实际问题。

附近一家水果店的老板也是张女士便利店的老顾客，当张女士了解到其一直为流动资金不足发愁的时候，张女士向其推荐了兰州农商银行的"金城快贷·商易贷"，并且这家水果店成功申请到一笔20万元的贷款。这次推荐成功，让她信心大增。

随后，张女士利用空闲时间，在朋友圈和微信群中广泛分享了她的推荐故事，在顾客购买商品的时候，她便积极推荐兰州农商银行的各类金融产品，而且通过"金城推客"小程序的便捷操作，将更多的居民、商户引导至兰州农商银行办理业务。

不到半年时间，她共推荐了50余位客户，涵盖了个人存款、贷款、信用卡等多个产品领域，累计获得5000多元的佣金，成为兰州农商银行"金城推客"的"明星合伙人"。

截至2024年末，像张女士这样的"金城推客"注册合伙人数量已达数千人，累计推广客户数突破4万人。以此为带动，"金城快贷"等产品在小微企业、个体工商户和农村地区的覆盖率显著提升，有效拓宽了金融服务的普惠范围，进而将客户经理的营销效率提升了50%以上。

之所以可以取得这样立竿见影的效果，是因为"金城推客"模式符合客户购买路径理论。

客户购买路径理论认为，一个人做出产品购买的决定，往往是通过三种购买路径来达成的。一是搜索路径。这是由"需求"激发的购买路径，比如，饿了就想要买菜做饭，"饿了"就是"需求"。二是内容路径。这是由"触点"激发的购买路径，比如，本来不打算买衣服，但逛街的时候看到一件很喜欢的，就顺手买了，"喜欢的衣服"就是"触点"。三是社交路径。这是由"信任"激发的购买路径，因为相信某个人而产生购买驱动。

显然，营销金融产品，基于信任的购买路径更为适合。"金融推客"的原理就是基于人与人之间的信任而进行裂变营销。毕竟，金融产品和其他产品有着本质的区别，信任才是购买金融产品的底层逻辑。

1.3　社群金融

在"请进网点""请帮手"的基础上，兰州农商银行还根据客户已经养成的离不开手机的习惯，将客户"请进群"，通过社交渠道实现获客与互动，这就是兰州农商银行创新推出的社群金融模式。

2024年10月31日，国家统计局公布的第三次全国时间利用调查主要数据显示：居民每日平均使用互联网时间为5小时37分钟，比2018年增加2小时55分钟；互联网使用率为92.9%，比2018年提高35.9个百分点。可见，手机已经成为人们生活中不可或缺的一部分。

顺应这种趋势，兰州农商银行借助企业微信平台，全力构建社群金融生态。通过整合资源、精准营销、优化服务等举措，深入挖掘社群价值，提升客户体验与金融服务效能，实现金融服务的社群化、精准化、便捷化，为银行与客户搭建起一座紧密互动、互利共赢的桥梁，推动金融业务在社群领域的创新发展与突破。

社群金融原理（见图2）是兰州农商银行在满足居民、商户金融需求的同时，整合居民生活需求和商户经营需求，搭建撮合平台，实现相互便利、资源共享，本质上是从信用中介过渡为信息中介、资源中介、生活中介的经营模式。

图2　兰州农商银行社群金融原理图

兰州农商银行一端以社区、村组为中心，每个支行对辖内客户进行社群管理；一端以社区周边商户为依托，开展商户拓展与合作，并居中搭建融合社区团购、金融服务等功能的社群运营平台。

可见，社群金融平台是为社区周边的每一个商户开通的线上微信小店。同时，为每一个社区建立企业微信群，邀请社区周边的商户和社区居民入群，借助社区企业微信群，为商户提供了社区拼团、点赞、促销信息发布等微信营销工具，将居民日常生活需求融入社区微信群的运营，给社区周边的每一个商户赋能，给每一个社区居民提供便利，构建起基于三公里半径的本土生活圈。同时，也可以将兰州农商银行的产品营销、客户权益兑换等功能在这个平台上同步实现。

社群金融的基础是邀请客户进群，而邀请客户进群的前提是让客户添加营销人员的企业微信。对此，兰州农商银行做了以下三个方面的部署。

总行层面的管户分工

存款客户通过绩效考核系统查询管户人员，贷款客户通过贷款台账查询管户人员，信用卡客户通过信用卡报表系统查询营销人员，收单商户通过多渠道收单平台查询办理人员。系统根据以上管户（营销、办理）人员识别和维护管户客户。

基层支行的角色划分

总共划分为客户经理、大堂经理和支行行长三个角色。

客户经理主要负责管户网格内的私域日常运营工作和管户网格的私域引流工作。主要工作内容是四项：一是添加管户网格内存量客户为企业微信好友；二是与街道办、物业公司、社区周边商户、社区达人等合作，邀请新客户入群，并添加微信好友；三是发布社区重要事件、便民服务信息、政务信息；四是根据客户的业务情况，精准地向客户推送银行金融产品和服务信息。

大堂经理主要负责厅堂营销转化以及权益兑换和厅堂私域引流。主要工作内容为三项：一是支行网点大厅内布置入群易拉宝，张贴入群海报宣传引流；二是邀请来到网点的客户扫码入群并添加企业微信好友；

三是通过厅堂营销触达私域客户，向客户推荐银行的金融业务。

支行行长主要负责本支行运营方案管理、计划和社群运营、互动。工作内容主要是三项：一是负责在社群内定时发布预设的内容和组织互动活动；二是负责社群内自营优质好货推广、日常互动内容、金融产品推荐等工作，为社群成员提供丰富的互动体验；三是通过群内问答，为社群成员提供基本的客户服务。

执行环节的私域引流

主要分为两个步骤：一是社区摸排，二是社群引流。

社区摸排总共分为三步，主要的作用是摸清基数，做到知己知彼。

第一步是基础排查。由支行网点根据网格化营销区域的划分，对辖区内社区、村组的规模、数量等进行摸排。记录网格化营销区域内有多少社区、村组，每一个社区、村组属于哪种类型，以及周边商户类型分布及对应数量。

第二步是绘制表格。支行网点通过物业公司、街道居委会、线上渠道等途径获取社区、村组的基本信息，结合摸排工作，形成网格化社区、村组摸排表（见表1）。

表1 社群金融建群信息调查明细表（局部）

填报机构：××支行（一级支行）										
序号	营业网点	社区名称	小区性质	常住户数	楼宇数量（栋）	周边商户规模				是否与小区物业有业务往来	备注
						商超类（户）	果蔬类（户）	蛋糕鲜花类（户）	其他类（户）		
1	××支行	××社区	家属院	764	9	30	8	11	98	无	

第三步是建群运营。根据社区、村组的综合情况，进行划分与归纳。比如，按照人数划分、按照客群划分、按照新老程度划分、按照支行渗透程度划分等。在此基础上，为各社区、村组创建初始群，并配套相关活动，实现引流与运营的双重目的。比如，为每名入群并添加企业微信好友的客户配置实物礼品和2元平台红包，红包可在"金城驿站"购买商品时使用。

社群引流主要采取五种方式，主要的作用是吸引参与，培养习惯，为常态化互动打好基础。

第一种方式是支行网点引流。支行网点在营业大厅内布置企业微信易拉宝、张贴入群海报，由大堂经理等人具体负责，对前来支行网点办理业务的周边客户进行宣传引流，邀请客户扫描大堂经理"金城随手办"里的企微名片，添加为企业微信好友。支行网点内准备一些小礼品，引导客户完成企微认证和权益绑定后，赠送客户一些小礼品，并协助其在平台领取权益福利。添加为好友后，AI客户经理会自动邀请客户入群，并且在客户入群后会赠送对应权益福利。

第二种方式是存量客户引流。针对支行的存量客户，整理目标客户清单后，通过微信发送"金城随手办"企业微信名片，并电话跟进指导添加流程。远程协助客户完成AI客户经理推送的实名认证，引导各户接受入群邀请并领取权益。

第三种方式是外拓引流。支行网点在组织入户走访、扫楼扫街等外拓活动时，向居民介绍银行特色服务和权益，客户经理出示"金城随手办"企业微信名片，邀请客户添加好友。同时，协助居民完成AI客户经理推送的实名认证和入群操作，并现场指导客户领取权益福利。

第四种方式是社区广场引流。在社区广场处，选择社区出入人流较多的位置，携带易拉宝、入群小礼品、宣传手册等入群物料，在工作日的上下班时间点、周末非工作日的时间节点，支行客户经理摆放户外拓展点，进行营销宣传工作。

第五种方式是联合宣传引流。与街道办事处或物业公司合作，开展宣传活动，邀请社区住户前往街道办或物业公司参加活动。支行网点携带易拉宝、入群小礼品、宣传手册等入群物料，由支行网点客户经理参与组织，现场宣传讲解社群建设的目的和福利，并协助住户完成入群操作。有的支行还采取社区海报引流方式，支行与物业公司进行沟通，在社区显眼位置，如电梯、楼道、单元门旁等，张贴邀请入群的海报引流。

"生活圈银行"是《玩转零售——中小农商银行业务升级与科技创新》一书中提出的一个概念，作者认为这是中小银行零售转型的终极目标[①]。兰州农商银行的"社群金融"模式就是这一概念的具体实践形式，虽然还在探索当中，但效果已经明显地显现出来。截至2024年末，兰州农商银行建设完成企微客户群103个，拓展企微客户18万户，发展合伙人3.1万人。社群金融平台营销商户4.5万户，累计交易6965万笔，交易金额为465亿元，留存时点存款为12亿元、日均存款为10亿元，投放贷款金额为42亿元。

第2节
"走出去"

在"请进来"的同时，兰州农商银行同步推动"走出去"。"走出去"

---

① 段治龙：《玩转零售——中小农商银行业务升级与科技创新》，中国金融出版社2020年版。

并不难办，难在无法管控行为，形不成管理闭环，容易变成形式主义，导致员工不积极、业绩增长慢、总行不满意等"多输"现象。为此，兰州农商银行建立了网格化管理体系，研发了"金城随手办"系统，采取了"四个点亮"的监测手段，最终保证了"走得出""管得好"的效果。

2.1 网格化管理

网格化管理最初是一种行政管理改革措施，始于党的十八届三中全会，被沿海地区的中小银行引入业务营销当中，并且通过多年坚持，已经迭代多个版本，形成了"网格管理+数字大脑+精确考核"的成熟模式。但是，对于兰州农商银行来说，这还是一个新课题。

破解这道课题，兰州农商银行采取了"四化"策略，用一年的时间，走完了许多银行十年的路程。这看似不可能的任务，却真实现了。这再一次证明，只要方向是正确的，方法是"对头"的，北方人的勤劳与淳朴更能取得意想不到的效果。

责任网格化

兰州农商银行根据各支行所在区域的街道（乡镇）、社区（村委会）、小区、企业、商圈、市场等分布情况，结合网点位置，详细绘制了覆盖全辖区的网格区域地图。

在此基础上，按照"区域全覆盖、网格不重叠"的原则，一级支行进一步细化总行划定的网格，将区域客户明确分解到每位客户经理，履行金融网格员职责，实现"定格、定岗、定员、定责"的"四定"目标，确保每个客户都有人负责，每个区域都有人管理，实现责任明确。

建档标准化

兰州农商银行建立了街道、市场、社区（村组）、企业四级网格，将网格内客户分为存量客户、流失客户、潜在客户三类，为每个金融网格员配备"金城随手办"工具，利用这个工具的固定模式，网格员逐户建档，规范建档。

这样做的好处至少有两个：一是有利于业务营销，便于支行和客户经理完成任务目标；二是形成有效数据资产，有利于将数据转变为资产。

服务精细化

在上述两项工作基础之上，兰州农商银行全面实施"走访问需"工作机制，要求网格员与客户深度沟通，入户调查挖掘需求。入户前，各个团队制定明确的营销目标和沟通话术，将"窗口服务"延伸至"门口服务"，覆盖贷款、存款、电子银行等多维度零售产品的推广。

每次走访中，客户经理与客户深度交流，不少于10分钟。由于有了系统监测，走访轨迹等过程管理要求都能得到保证，进而用过程管理保证了结果的达成。

任务清单化

各个支行根据总行的营销总体安排，结合自身实际，明确不同时段、不同区域、不同人员的任务清单，网格员根据清单执行即可，但要做到"晨会布置、夕会总结"。对存量客户，深挖增值潜能；对流失客户，主动挽回；对潜在客户，开展精准拓展。不同的营销成果，直接对应不同的绩效考核结果，真正实现了序时激励。

从总行角度看，网格化管理是一种精准的管理手段；而从支行角度看，网格化管理则是一种有效的营销工具。下面，我们来看一个支行应用网格化管理营销和维护客户的实际案例。

"钱的事情找小冯！"

小冯担任兰州农商银行焦家湾支行副行长，兼任客户经理。

她所负责的网格范围内有一个焦家湾冷冻市场，里面有600余家商户，这个市场是西北五省区最大的冷冻食品批发市场。

这个市场也是各家银行争相竞争的重点市场。冯行长利用焦家湾支行毗邻该市场的地理优势，坚持每天走访市场商户。常年的走访中，大家对她熟悉起来，她对冷冻市场的行业规律、商户经营特点和实际需求也有了比较深入的了解。因此，可以和大家说到一起。

能够说到一起，其实是不容易的，既需要懂金融，还需要懂行业。冯行长在对市场商户营销服务的过程中，会根据兰州农商银行专业市场存货抵押贷款业务政策和产品特点，为客户精准匹配与其需求相适应的信贷产品。在销售淡季，她会推荐客户采用"线上+线下"相结合的方式授信，向客户讲清线上贷款随用随还的便捷性，并重点开展线上营销授信工作；待节假日等销售旺季到来时，能够第一时间协助客户线上放款，将贷款用在"刀刃"上。

商户贷款，重在效率，利率反而是第二位的。因此，在把功夫用在日常的同时，还需要保证对客户需求的响应效率。冯行长和她的同事形成了一条规矩——当日事当日毕。只要客户有意向，不管工作有多忙，当天必须前往客户所在地了解客户基本情况，争取当天授信、当天放款，最迟不超过次日。

除了贷款业务，冯行长也会给各家商户推荐各类金融产品。这一过程中，沟通与辅导是最为重要的。商户对自己的经营领域是熟悉的，对金融大多是一知半解。冯行长会耐心地给大家讲解金融知识，站在商户角度分析利弊得失，充分赢得了大家的认可。由此，她也不自觉地成了大家的金融顾问。以至于只要有人需要金融服务，总会讲到一句话："钱的事情找小冯！"

每周一，冯行长会导出下周即将到期的存量贷款台账，逐户电话联系客户告知时间节点，指导客户做好还款规划，并及时进行"二次营销"，使客户融资服务"不断档"；对有新增贷款意愿的商户，会第一时间赶过去。每月21号是"清息日"，她会提前导出信贷台账，紧盯客户利息归还情况，逐户联系督促未按时清息的客户按时还息。针对已投放的存量存货抵押贷款，她会每周前往仓储公司核实库存状况，并向商户了解商品经营销售及资金回流情况，周到地提醒客户制定合理的还款计划。在这种长期互动中，商户也非常信任她，经常让她指导操作。

有了这份信任，其实业务营销就变得非常简单了。2024年前9个月，小冯累计投放个人贷款1.05亿元，且贷款形态均为正常。

兰州农商银行的责任网格化、建档标准化、服务精细化、任务清单化"四化"策略，就好比是从"游击战"转变为"阵地战"，不仅彻底改变了过去的盲目营销、滞后激励等问题，而且做到了"网中有格、格中有人、人人有责"，为各类业务营销打下了坚实的基础。"小网格、大服务"，这也让金融服务犹如人体的"毛细血管"一样，注入兰州大地的每一寸"肌肤"。

2.2 "金城随手办"

"金城随手办"是兰州农商银行为各级管理人员和营销人员研发的业务办理操作系统，人们习惯上简称为"随手办"。这个系统中的一个子系统叫作"随时办"，主要是面向管理人员审批所用。

不论是"随手办"，还是"随时办"，顾名思义，就是随时随地、随手就办的意思，惟妙惟肖地体现了这个系统建设的主旨与目的。

对于营销人员来说，"随手办"让他们变成了一个个移动网点，许多功能都可以现场办理。其中，有三大功能最为实用（见图3）。

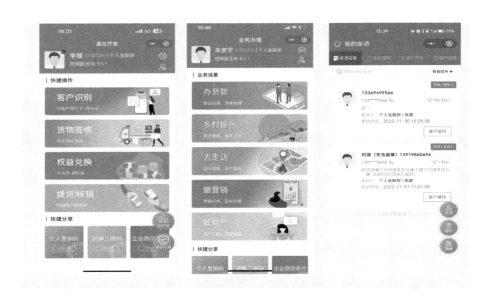

图3　"随手办"主要功能展示

赢在厅堂

这项功能主要面向厅堂营销，包括"客户识别""货物签收""权益兑换""提货核销"等模块。

"客户识别"模块就是上文讲到的，客户到了厅堂取号之后，系统会自动给营销人员（包括柜面、大堂经理、网点负责人等）推送客户的基本情况（包括姓名、民族、证件号、户籍地址、管户信息、客户等级等）和在本行的业务办理情况（主要是银行卡、电子银行、存款、贷款等情况，每一类都有相应标记），进而可以帮助营销人员有针对性地为客户提供服务并进行精准营销。

"货物签收""权益兑换""提货核销"等模块，看着挺"土"，其实作用非常大。为了回馈客户，兰州农商银行会给客户积分、实物回馈等优惠。但是，在货物增加的情况下，既无处放，又无法管，更会滋生各种乱象。利用这几个模块，既可以有效调度资源，又能实现客户与权益、积分与货物之间形成"一对一"的关系，使账目一目了然。

业务办理

这是专为外拓业务办理设计的功能，主要包括"办贷款""乡村振兴""去走访""做营销""管商户"五个模块，每个模块名称都通俗易懂，每个模块都是客户经理常用的功能。

"办贷款"模块是客户经理最常用的功能，主要用于现场尽调的信息录入、档案建立等用途模块。

"乡村振兴"模块是专为整村授信的信息建档、综合评级等工作而设计的功能模块。

"去走访"模块是对外拓人员的走访安排、走访进度、任务差距等维度的管控手段。

"做营销"模块是为外拓人员提升效率提供的技术抓手，包括个人二维码、合伙人等管理工具。

"管商户"模块主要是用于展现营销商户情况，并基于社群金融推出的相关活动管理。

每一个模块下面，还有若干次级办理程序，都是围绕客户需要、业务营销和管理需要而提供的实用科技工具。

我的走访

这是为走访人员提供的管理工具，可以清晰记录每个走访人员的走访任务、行动轨迹，并体现"四个点亮"成果，相当于是给走访人员提供了一个"指南针"和"走访地图",可以协助客户经理安排好时间和路线,更加有效地开展走访工作。

"随手办"虽然只是一款小小的手机应用,却给了面客人员极大的自信。过去,无论是厅堂人员,还是外拓人员,大家多是盲目营销,好不容易营销到的客户,由于需要问这问那,履行许多流程,显得既不专业,也令客户反感。现在有了"随手办",不仅面客人员自信心"爆棚",业绩达成率不断攀升,更为关键的是,客户的体验也变得越来越好。

2.3 "四个点亮"

网格化管理解决了"分田到户、责任到人"的问题,让每一个片区、网格都有人跟进服务。"随手办"解决了在网格中营销和服务客户经理缺少工具的问题。那么,怎样评价这两项工作的进度和成效呢?这就不得不提到兰州农商银行的"四个点亮"工程。

"四个点亮"是兰州农商银行针对服务辖区的各类客群,基于网格化管理和"随手办"的基础,依据客户数据为客户"贴标签",并运用地图渲染技术,构筑可视化业务场景,为外拓营销人员提供视觉、搜索、导航、定位等方面的便利展示,分别为点亮一个街道、点亮一个单位/企业、点亮一个社区/村镇、点亮一个市场/商区。

"四个点亮"是一个系统且长期的工程,表面看是形象展示,背后却是每个人用脚步丈量出来的结果。营销人员通过手机,对包片网格区域内的社区、市场、临街商铺、企业单位等进行定位打卡、客户建档、业务营销、数据统计、量化考核,将营销成果以不同类型、颜色的图标直观展示在手机上,为开展营销和业务督导提供便捷的方案、路线和数据支持。

灰色

灰色标识为建档客户，寓意"灰色地带"，需要营销人员积极跟进，开展后续营销。

蓝色

蓝色标识为收单商户，寓意为"蓝色海洋"，属于基础客户，有着巨大且广阔的合作空间。

绿色

绿色标识为"合伙人"，寓意"参天大树"，意在通过联动营销、裂变式营销的方式，实现枝繁叶茂的效果。

红色

红色标识为授信、签约、放款客户，而且根据授信、签约、用信的渐进情况，颜色梯次加深，寓意"星火传递"，以求跟踪服务、持续深度维护客户。

基于以上的主体框架，还配置总行监测、支行督导等配套设施，以此将网格化走访、综合营销情况等工作串联起来，形成了管理学上的闭环效应。

著名企业家张瑞敏在其著作《永恒的活火》中讲到，通过"人单合一"[1]模式，能够发挥每个人的潜力，让团队更有活力和创造力[2]。事实上，兰州农商银行的"四个点亮"也发挥了这样的效果，在帮助员工完成任务指标和"多挣钱"的同时，不断激发出了自身的内生动力。因此，"四个点亮"点亮的不仅仅是"客户地图"，也是每一名员工参与其中的

---

[1] "人单合一"是海尔集团创始人张瑞敏提出并命名的一种商业模式，其核心思想是将员工（人）与用户需求（单）直接联系起来，使员工在创造客户价值的过程中实现自身价值。在这种模式下，员工不再是简单的执行者，而是变成了创业者，可以根据用户的个性化需求创新服务。

[2] 张瑞敏：《永恒的活火》，中国财政经济出版社 2023 年版。

"永恒的活火"。这虽然是每个参与者的一项任务，但也是每个人体现价值的大舞台。

第3节
联动起来

"请进来""走出去"，主要是依靠营销人员个人努力获客。与此同时，兰州农商银行也在积极探索批量获客模式。批量获客的核心是协同。管理学家陈春花教授曾讲过，在数字化时代，效率来源于协同，而非分工。这一观点在兰州农商银行得到了有效验证。通过银村共建、公私联动、场景联动等方式，兰州农商银行以协同的方式实现了批量化获客的目标。

3.1　整村授信

整村授信是批量化做好农村信贷的一种成熟做法。兰州市的城镇化率比较高，达到84.85%。相比于城区人口，农村人口并不算多。但是，兰州市五区乡镇户籍户数为9.43万，人口为29.27万。而且，在这些客群中，除了少数头部客户，大部分客户的金融服务供给并不全面和充分。

针对这种情况，兰州农商银行充分借鉴同业经验，发挥后发优势，在"金城快贷"中专门建立了"乡村振兴"模块，全面推行"无纸化整村授信"模式。

"无纸化整村授信"模式是基于数字地图，推行网格化农户整村建档与批量授信，实现了农户名单批量导入、村组评议、基于远程视频银行的非现场建档与农户预授信额度实时计算。由此，涉农贷款提升约50%，涉农客户数提升约32%。不仅实现了效率高、覆盖面广，而且让客户体验感好，从纸质版建档、线下逐户评级授信、农户申贷"要张嘴"，转变为无纸化建档、线上批量评级授信、农户申贷"随时有"。

无纸化整村授信的流程总共分为六个步骤（见图4），我们可以将其比喻为武侠小说《天龙八部》中的"六脉神剑"。之所以这样比喻，是因为"无纸化整村授信"模式与其原理相同，"六脉神剑"名曰"剑法"，实质上并非真剑对敌，仅仅是以剑法类似的方式出招，更多的能量是蕴含在六条筋脉中的内力，而且可以达到直接杀伤刺穿的效果，威力无比。"无纸化整村授信"模式名曰"授信"，实则只是按照信贷要求"出招"，真正的能量是自身的风控能力和科技能力。

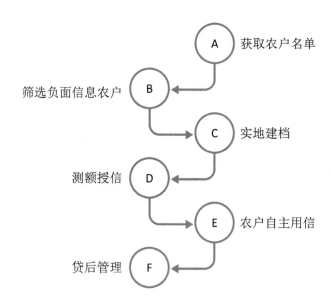

图4 无纸化整村授信流程图

获取农户名单

由各个支行通过党建联建等方式，从乡镇或村组获取各村组的人员名单，并进行整理，形成以户为单位的初步信息库，包含户主、配偶、子女、父母、兄弟姐妹等家庭成员的姓名、身份证号码、手机号、地址等信息。

筛选负面信息农户

由网点负责人、金融专管员、包村客户经理与村"两委"班子成员、村民代表组成农户资信评定小组，成员至少五人。小组的主要职责是建立拒贷黑名单，将不适合贷款的家庭标记出来。

需要说明的是，这些农户只是不符合"整村授信"模式，农户如有需要，可以通过其他方式做好跟进服务。

"整村授信"不符合标准的客户类型[①]：

• 涉黄、涉赌、涉毒、涉案、涉诉的"五涉家庭"；

• 有犯罪记录、重大疾病人员、残疾人士的家庭；

• 有过不良记录（银行借贷）、不守信（民间行为）、民间借贷较多、

---

① 客户筛选标准考量说明：一是地区实际。立足西部乡村社会特征，聚焦农户经济基础薄弱、风险缓释能力有限等现实，将涉黄、赌、毒及家庭失能等13类情形纳入负面清单，精准识别因道德风险、生存保障缺失衍生的信用违约隐患，确保授信资源向有劳动意愿、有发展潜力的主体倾斜，夯实乡村振兴金融底座。二是行业经验。基于历史信贷数据及农村信用体系建设实践，负面清单人群违约率显著高于普通农户，通过前置风险过滤机制，有效阻断高杠杆、无稳定收入来源等高风险群体信贷流入，保障普惠资金精准滴灌实体经济，为"整村授信"模式可持续推进提供数据支撑。三是监管法规。严格遵循《中华人民共和国商业银行法》审慎经营原则及普惠金融差异化监管导向，通过负面清单管理强化贷前风险分级，既落实反洗钱、反欺诈等合规要求，又通过制度化筛选压实金融机构风险防控主体责任，实现服务乡村振兴与金融安全的动态平衡。

涉高利贷的家庭；

• 无还款能力、无正当职业（营生）、无劳动力、无适龄人员的家庭；

• 严重不和睦的家庭；

• 低保户、贫困户、空户（有本村户籍或有房屋但长期脱离本村的居民）。

实地建档

基于上述两个基础，客户经理逐户上门采集农户信息并建档。建档参考甘肃省农信联社信贷系统农户建档字段，并结合具体实际，在"随手办"中配置农户建档字段采集项，主要包括户主信息、家庭信息、经营信息、资产信息、总体评价、客户标签六大部分及其对应细项（见表2）。

表2　农户建档信息简表

户主信息	个人信息、居住情况、教育信息、务工信息
家庭信息	家庭概况、家庭成员
经营信息	种植类信息、养殖类信息、其他经营信息（非种植养殖）
资产信息	房产信息、车辆信息、机具设备信息、其他资产
总体评价	经济能力评价、资产积累评价、村组影响力评价、邻里关系评价、家庭关系评价、居所整洁评价
客户标签	信息标签、负面标签、业务标签

测额授信

这一步可以分为两个阶段，分别为批量预授信阶段和农户自主签约阶段。

批量预授信阶段是在建档完成后，系统按照测额逻辑，进行农户批量预授信，并形成预授信名单。预授信的公式为：预授信=基础额度+各项收入×权重+各项资产×权重人口供养减值。

农户自主签约阶段是在批量预授信完成后，由农户发起贷款申请，系统会进行大数据风控，综合考虑农户的征信数据、行内数据、第三方数据等情况进行签约额度修正。农户最终的签约额度是经评分修正后的预授信额度减去各类负债减额线值（限值）之和。对于风控执行中拒贷的客户，转为线下处理，其他农户可直接签约用款。

农户自主用信

这一步有两个点比较突出：第一点是"备用钱包"的概念，相当于兰州农商银行为每一个符合条件的农户家庭匹配了一定额度的"备用钱包"，用的时候结息，不用不生息。第二点是金融辅导行为，对于大多数农户来说，线上用信其实是不熟悉的，需要客户经理反复辅导。如果说第一点是各家银行都可能具备的能力，那么，第二点则是许多银行没法做到的，许多银行虽然可以"掐尖"，但很难做到这种面对面、手把手地辅导用信。

贷后管理

主要采取"系统+人"的方式进行，即客户正常结息的，贷后管理由系统代替；客户出现欠息、逾期等现象的，由客户经理上门催收。

针对整村授信中普遍会遇到的"空心村"问题，兰州农商银行没有采取"内联"方式，即没有利用或者创造客户回乡的契机，为客户集中办理业务，因为这种方式无法解决全面覆盖的问题；也没有采取"外拓"方式，因为既不容易找到人，也不经济。而是利用前文提到的"社群金融"模式，很好地解决了这类问题。

通过村民将微信推给金融专管员，加为微信好友，邀请进群，再通过远程视频，银行进行非现场建档，给出预授信额度，再去"跑"风控。通过后，可以进行线上签约。最后，签约客户在自己的手机小程序上进行提款。可见，这种方式充分体现了"广授信、严用信"的特点，"广授信"是技术扩面，"严用信"是智能风控，兼顾了营销与风控的需要。

各种研究证实，小额信贷特别是数字普惠对于农户增收致富具有高度的正相关性。通过"无纸化整村授信"模式，兰州农商银行不仅实现了批量化获客，提升了授信签约率，而且发挥了金融的杠杆作用，有力地促进了当地百姓增收致富，有效地推动了地方产业兴旺和经济发展。

3.2 公私联动

公私联动是银行业比较常见的一种交叉销售方式。这种方式，既可以优化客户结构，提升综合收益，也可以增强客户黏性，深度绑定客户。但是，过去兰州农商银行发放的许多对公贷款，都是"就对公做对公"，几乎没有有效联动，根本原因就在于总行没有建立总体协同机制。

转型以来，恰逢经济下行期，对公业务及零售业务其实都不好做。对此，兰州农商银行构建了公私联动的协同机制，推动公司业务与零售业务相互带动、同步推进。

公司业务带动零售业务

主要是采取了"两手抓"的策略，一手抓存量，另一手抓增量。

在存量对公业务带动零售业务方面，兰州农商银行曾经的资产结构存在"一头大一头小"的问题，导致风险凸显、收益下降。随着零售转型的逐步推进，这个结构不断优化。"一头大"的客户中，经过"大浪淘沙"，逐步筛选出一些优质客户。兰州农商银行利用已经建立得比较好的合作基础，全面带动了零售业务的增长。

在增量对公业务带动零售业务方面，针对转型期间增量对公业务的竞争，丝毫不次于零售业务竞争的实际情况，兰州农商银行采取了"对公切入，零售赚钱"的打法，就是将对公业务的价格尽可能地与其他银行看齐，但通过承诺保证书的方式，确定带动零售业务的约定内容，以此实现量价平衡。

下面，我们以七里河支行为例，场景化还原一下这种联动的做法与效果。

七里河支行公私联动案例

兰州 Y 健康管理咨询有限责任公司（简称"公司方"）是七里河支行拓展的一户对公贷款客户。公司方主要经营与普拉提运动关联的业务，包括普拉提培训教练课程、私人教练服务、器械销售、比赛服务等，在兰州市区内共经营8家门店，拥有专业教练加营销团队80余人，会员人数超3000人，是兰州区域内最大的专业普拉提培训机构，有着良好的市场潜力和客户口碑。

2023年8月，七里河支行为公司方发放一笔金额为300万元的一般流动资金贷款，用于企业经营，期限为一年。因客户经理缺乏综合营销意识，没有制定总体金融服务方案，致使客户没有获得较好的金融服务体验，银行和管户客户经理也没有获得最大化收益。

2024年，在总行政策的引导下，七里河支行制定了公私联动落地的指导意见，重点是三项内容。

第一，与公司方进行深度沟通。七里河支行与公司方进行了坦诚的交流，并利用公司方增贷的契机，征得公司方的理解，形成双方总体合作方案，让公司方感觉有收获。

第二，签署《综合贡献度承诺书》。双方在信贷合同的基础上，增加合作内容，分别为：开立社保卡80张；信用卡扫码人数80人；有效收单商户5户；有效对公账户2户；对高级教练和管理人员5人进行了个人贷款授信，每人贷款100万元（"商易贷"）；贵金属销售3万元；有效会员群信用卡推广活动12个群。

第三，跟进服务。由于公司方账户落地在七里河西果园支行，指定由该支行行长根据《综合贡献度承诺书》，带领网点员工分10天6次前往公司方的门店办理相关业务。这一过程中，进一步深入了解了该企业业务、人员架构等情况；同时，帮助该企业建立了工资和课时费的统一结算代发机制。

最终，这种合作模式实现了"多方共赢"，形成了新的业务拓展模式。

对于公司方来说，银行合作是刚需，但是，哪家银行能充分满足其需求，公司方就会选择哪一家，本质没有变化。而和七里河支行合作，则可以获得以下利益：

- 增加了100万元贷款额度；
- 降低了直接融资成本18bp；
- 与兰州农商银行全方位合作，更加便于财务管理。

对于七里河支行来说，增加了贷款投放，延长了客户服务的生命周期，获得了更多的业务，促进了总体任务的完成。更主要的是，员工的综合营销意识和能力得到同步提升，而且得到了实实在在的利益。这些利益分别为：

- 获得新增对公贷款投放的基础挂价；
- 获得"四季营销"的相应奖励；

- 获得个人贷款基础挂价；

- 获得社保卡周奖励；

- 获得对公贷款、社保卡、信用卡挂价奖励；

- 有效账户激活奖励。

在这种模式的牵引下，七里河支行从存量对公业务中，逐户排查商机，逐户制定方案，逐个突破，从信贷合作上升为全面合作。对于增量客户，全部按照全面合作的模式来推进，实现了公私联动的常态化。

零售业务带动对公业务

除了对公业务带动零售业务，兰州农商银行还借助众多零售客户、小微客户中的企业高管、财务负责人等企业关键人，反向推动对公业务的拓展，同样取得了不菲的业绩。

可见，实现以上"两个带动"，根本的保障在于兰州农商银行的协同机制建设。这一协同机制的核心是总行对一级支行实行利润考核，将总体算账统筹权限下放到一级支行。因此，一级支行具备了和客户"算总账"的条件，进而为大面积推广公私联动营造了大环境。这一过程中，利益只是短期收益，成长才是长期收益。

3.3 "金城e链"

"金城e链"是兰州农商银行借鉴供应链金融的理念所进行的一项批量化获客的探索。其基本原理是，银行通过源头企业（俗称"大B"）带动，挖掘下游客户（俗称"小B"）潜在资源，再向C端客户（个人客户）渗透。

"金城e链"本质上是一种B2B2C的商业模式（见图5）。其中，大B

客户是核心，小B客户是节点，C端客户是目标，兰州农商银行的各类金融服务穿插其间，充当"幕后导演"。在具体推动中，主要采取"三步走"的策略。

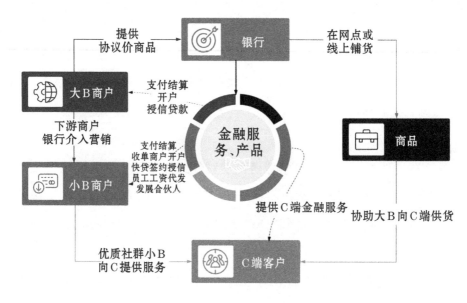

图5 "金城e链"原理图

找到目标客群

兰州农商银行常年在本土经营，对本土情况最为熟悉，可以借助各种方式找到本地高频、刚需、主流快消品的源头供应商，或本地资质较好、知名度较高、产品销量较好的一级批发商和经销商，如粮油、饮料、食品、冷链等。这些企业经营的大多是民生类商品，老百姓的生活离不开，触达的客户也是最多的。借助这些生活上的高频场景，兰州农商银行可以快速触达更广泛的客群。

实现有效对接

兰州农商银行首先是对接核心企业ERP系统，其次是开立源头企业账户并发展成为收单商户，最后是指导核心企业使用"金城易管家"①微信小程序进行抄单结算、催收，达到资金留存的目的，对有贷款意向的客户可进行授信。

完成批量获客

通过核心企业 ERP 系统的对接，获取源头企业的下游客户信息，由支行客户经理跟进源头企业的供应链条，打卡、走访下游客户，同步开展二次营销，使其转化成为本行的收单业务、信贷业务、工资代发、合伙人等客户，进而借助这些商户，拓展其所服务的 C 端客户。

以进祥粮油为例，2023 年 12 月，兰州农商银行与其进行供应链业务方面的合作，新零售平台与进祥粮油管家 ERP 软件对接成功，解决其线上抄单、自动记账、线上结算、欠款催收等需求。同时，将进祥粮油业务员、司机发展成为合伙人，通过派驻专职客户经理跟随走访，并配置各项权益提高合伙人的营销积极性。先后发展合伙人 27 人，营销下游企业 443 户，小程序抄单 5943 笔，抄单金额为 2012 万元，为进祥粮油及链上的小微企业发放贷款达 2070 万元。在此基础上，还带动了小微企业、C 端客户的收单、信用卡、掌上银行、代发工资等业务的拓展。

可以看出，"金城 e 链"是一种基于本土场景的批量获客模式。随着互联网技术的全面应用，垂直领域的场景已经被各类互联网巨头牢牢占据。比如，餐饮业的"美团""饿了么"，打车行业的"滴滴""高德"，购物领域的"京东""淘宝"等等。与这些场景方的合作，地方性银行既不好对接，也无法获取核心信息，最终只能沦为"资金提供方"。而兰州农商银行基于当地的源头企业的扁平化场景，不仅可以实现业务拓展，还能获取客户的全面信息，进而全面搭建起了"商—汇—存—贷"的完整金融服务链路。

---

① "金城易管家"是兰州农商银行自主开发的为商户收单的系统。

获客是银行零售转型的第一要务，对于兰州农商银行来说，更是当务之急。许多银行通过划分渠道获客、营销获客、场景获客等方式来解决获客难题。兰州农商银行并没有做这样的僵化区隔，而是采取了"请进来"、"走出去"、联动起来的方式，并将获客渠道、营销活动、场景拓展融合其中。这种方式实际上是用"修轨道"的思维在做事，修好获客的"轨道"，无论是支行，还是员工，抑或是外部合作机构或个人，都可以在"轨道"上安全且高速地"行驶"，真正实现从全员营销转变为全民营销。

第3章
重新定义产品

银行业的零售转型，最早的探路者是招商银行。招商银行的零售转型先后经历了多个阶段，但不管哪个阶段，都有一个核心理念，那就是"以客户为中心"。这仅仅是一种理念，需要有具体的举措来支撑。招商银行的主要抓手是资产管理总额，也就是人们常说的AUM（资产管理规模）。而支撑AUM的，是健全的业务和丰富的产品。

对于兰州农商银行来说，基本上还是传统的存贷业务，因此，用AUM的做法切入零售转型，显然是不现实的。比较可行的，是从信贷端切入，毕竟信贷是"将银行兜里的钱给到客户"，相比"将客户兜里的钱揽到银行"的存款，更加容易一些。

从信贷端切入，首先就要解决信贷产品的问题。但如果单纯地和其他银行比产品、拼价格，兰州农商银行则没有任何优势可言。因此，需要深刻反思一个问题：银行产品的本质到底是什么？

解决任何问题，最简单也最有效的方式就是回归本源，用现在的流行语表述，就是要找到事物的"第一性原理"①。那么，银行产品的"第一性原理"又是什么？

一般的理论认为，银行产品的本质是需求。比如，需要用钱了，才来申请贷款，或者选择什么需求对应的贷款产品。兰州农商银行的产品理念是——"本土银行产品不应该做成消费品，而应该做成'基础设施'，应该像水一样随处可见，普通但不平凡，只要渴了，随时可以喝到"。银行产品的名称五花八门，但底层的逻辑基本是一致的，都是基于利率、期限、用途等原子要素所做出的不同组合。因此，银行产品的本质不仅是需求本身，还有快速响应需求的能力。

为了锻造出这种产品能力，兰州农商银行紧密结合普惠客群的实际，从组织协同、科技支撑和产品简化等方面做了全新的探索和深入的实践。

组织协同是从打破传统的产品认知开始，通过"一把手"担当首席产品经理、构建敏捷组织的方式，将分工带来的效率，进一步升维到协同带来的效率。

科技支撑是基于业务需要、客户经理需求而搭建线上办贷平台，提升业务办理效率和风控能力，延长客户经理的"手眼"，让科技帮助人，而不是代替人。

产品简化是根据监管的要求和客户的需求，在尽可能的范围内，减少办贷环节，简化材料要求，让数据代替人"跑路"，切实提升客户的办贷速度和体验感。

由此出发，兰州农商银行对产品做了重新定义。这种新的定义的核心是，产品是一种能力，而非简单的要素组合。这一点，对于当下的兰州农商银行具有实用性；而对于未来的兰州农商银行，则更具深远影响。

----

① "第一性原理"是指每个系统中最基本的命题或者假设，是最基础、最不可分割的真理或假设，是推导其他所有命题的出发点，最初来自古希腊哲学家亚里士多德的逻辑学。

第 1 节
首席产品经理

产品经理是当下银行经营和管理当中一个严重的缺陷。各家银行一般都有产品经理，但是，产品经理的设置往往是一个岗位，严重地削弱了产品经理存在的意义。

产品经理的英文是"product manager"，简写为"PM"。产品经理的主要职责是负责产品的整个生命周期，包括需求调研、竞品分析、产品研发、营销策划、渠道管控、客户反馈、盈亏测算等工作。因此，这是一个居中统筹、关联多方的管理角色，而非一个岗位所能承载。

兰州农商银行敏锐地意识到了这个问题，并由"一把手"担任首席产品经理。虽然内部没有这样的任命和说法，但是"无其名有其实"，主要体现在三个方面：一是带领大家突破对于传统银行产品的认知；二是走到客户和员工中间，了解最鲜活的需求；三是打造敏捷组织，最大化地调动内部资源，进而打造出能够真正响应客户需求的金融产品。

1.1 产品的原理

美国效率工程师哈林顿·埃默森以其对管理领域的开拓性贡献而闻名，他曾说道："就方法而言，可能有 100 万种，甚至更多，但原理很少。掌握原理的人可以正确地选择自己的方法，只尝试方法而忽视原理的人肯定会有麻烦。"兰州农商银行将产品作为一种能力，而非简单的要素组合，就是掌握了产品的原理。

这一新的产品原理的核心是，客户面对的是银行产品，而银行产品的背后是一套能力体系，分为需求、响应、基础三个层级（见图6）。

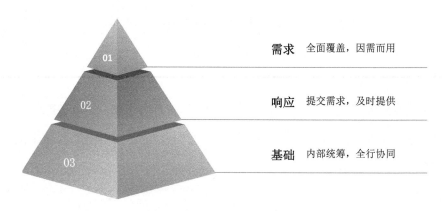

需求　全面覆盖，因需而用

响应　提交需求，及时提供

基础　内部统筹，全行协同

图6　兰州农商银行产品原理图

产品的本质是客户需求

客户需求可能是显性需求，也可能是隐性需求，不管是哪种需求，作为本土银行，兰州农商银行用"备用钱包"的理念进行全面覆盖，并基于这个基础设施，客户再因需而用（而不是客户需要了），才来申请，再去办理。因此，不遗余力地进行增户扩面、广泛授信，是开展各项工作的前提条件。

需求的关键是及时响应

响应的关键一在效率，二在风险。既要在客户动用"备用钱包"的时候及时提供，也能够在前期尽调信息的基础上，第一时间判断客户新的变化，实现快与稳之间的平衡。

响应的基础是组织协同

实现这种平衡，需要兰州农商银行内部做好统筹，前、中、后台与不同条线都要围绕产品优化想办法、出主意、拿方案，而不是"各扫门前雪"，都要围绕客户主体进行不同维度的服务赋能和措施补全，不能像铁路警察一样"各管一段"，不能将客户人为地分割为不同的部分。

实现这三个层次的目标，既需要一线人员的洞察能力，也需要科技的响应效率，但这些都不是最核心的。最核心的，是组织内部协同的能力。我国的银行组织基本都是实行科层制和分工制，科层制延长了总部与客户之间的距离，分工制增加了响应客户需求的部门协同环节，而要打破这种局面，显然是不现实的。

兰州农商银行所探索出来的可行做法是，引入产品思维，并且让"一把手"担任首席产品经理，站在最高点统筹协同。因为新的产品必然会触碰许多既有的规则体系，唯有"一把手"具备这种统筹协调能力并拥有最终拍板的权力。

1.2　一线工作法

"一把手"担任首席产品经理，但"一把手"也不是"神"，不可能洞察客户的鲜活需求、了解客户的现实需要。因此，在整个零售转型期间，兰州农商银行全面推行了"一线工作法"，并且形成了"六个一"的基本经验和鲜明特色。

"一把手"带头

兰州农商银行"一把手"的工作时间分散在许多方面，但归纳起来，其实就是一件事情，那就是"不是在一线，就是在为一线解决问题的路上"。兰州农商银行倡导向其他银行学习，但更注重从实践工作中学，主张"学中干、干中学"，以"干中学"为主。

在"班长"的率先垂范下，总行和一级支行的领导班子成员也都是一线工作法的坚定执行者，奉行"坐在办公室里全是问题，走进基层全是办法"的工作理念和行事风格。这种做法不仅能够了解到一线的真实情况，而且会让员工感受到被尊重、被重视、被温暖的氛围，进而增强员工干好工作、服务好客户的自觉性和主动性。

以一线为主

一线支行和员工每天和客户打交道，了解客户最鲜活的需求，只有以一线为主，才能将总行的服务能力有效地传导给客户。因此，"一线再小的事情也是大事"。

我们看到，兰州农商银行的各类小系统很实用，也很管用，而且迭代速度很快，原因就在于这些系统的真正"创意者"是一线员工，迭代的需求也是一线员工提出来的。有关部门的职责，主要是收集、整理和实现这些需求。兰州农商银行还在全行倡导把"C位"让给一线的企业文化，在工作安排上，永远都是以一线为主，在荣誉表彰、薪酬收入等方面，也都全面向一线倾斜。

第一时间反馈

无论是领导调研中发现的问题，还是员工服务客户中发现的问题，兰州农商银行都要求做到第一时间反馈。

反馈的目的是找到"真问题"，但反馈也只是迈出了第一步，关键是要针对反馈的问题进行第一时间的解决。并且要求做到，从问题反馈到问题甄别，再到问题解决，全部都用系统固化，都在线上留痕。对于不能及时响应的责任人，据此给予相应处理。

一体化解决

在兰州农商银行，你会看到许多银行很难看到的一个现象，那就是"一把手"做产品解决方案的整体调度，而不是像许多银行一样，"一把手"召集有关部门审批产品方案。而且，此类会议随时召开，没有固定模式，只要一线有反馈，会议就要及时召开。

之所以这样做，是因为产品是银行面向客户的纽带，只有把产品打磨好了,才是最好的服务。但是,打磨产品,仅靠业务部门是做不到的,仅靠产品经理更是不可能的,他们都是执行者,只有"一把手"才能做好总体考量,调度各类资源,并且对许多创新工作中的纠纷问题做出最终决定。

第一现场解决

这个理念似乎有点难懂,因为"一体化解决"就是解决问题,为什么又是第一现场解决呢?

兰州农商银行的理念是这样的:"一体化解决"只是解决方案,问题能不能解决还要在现场中验证,只有现场验证通过的方案,才是真正的解决方案。因此,兰州农商银行问题的解决,不在会议室里,而在一线服务现场。

请进一批"师傅"

兰州农商银行在推进零售转型的过程中,还有一个小小的窍门,那就是引入"外脑"资源。这些"外脑"主要是有过实战经验的先进银行的领导者、专家等人员。从理论上讲,自己的问题自己最清楚,自己的问题自己解决也最有效。但是,有时候自己也难免陷入闭门造车的窘境,引入"外脑"则可以从不一样的角度提供建设性意见,起到问题解决的催化效应。

在银行当中,有一个不成文的惯例,那就是什么事情都要"一把手"担任领导小组等组织的主要负责人,否则,就可能被扣上不重视的"帽子",就可能被扣"票子",甚至会影响领导者的"位子"。反倒是与客户高度关切的产品创新组织,少有"一把手"负总责。兰州农商银行由"一把手"担任首席产品经理,并推行以"六个一"为特征的一线工作法,亲自组织和协调产品创新事项,虽然显得"不合群",却展现出了鲜明的为民情怀与务实作风。

1.3 "大敏捷"与"小敏捷"

兰州农商银行是一个独立法人的中小银行，决策链条的"短平快"等敏捷特征，历来都是其经营和竞争的优势。但是，这种优势就像是一把"刀具"，如果用对了方向，那就是很好的工具；用错了方向，就可能是一把"凶器"。

在推进零售转型的过程中，兰州农商银行进一步扩大这种敏捷特征，形成了"大敏捷"和"小敏捷"两种模式。

"大敏捷"

这是从全行角度来布局各个板块、各个条线的统筹效率，实现"让大象跳舞"的效果。

一是流程统筹。兰州农商银行在全国银行业率先推出了"管理中台"的概念，将全行的主要业务和管理流程纳入精细化管理平台（后文详细介绍），让各项纵横交错的工作流程可以有序流转，以此响应零售业务零散且快速的需求特征。

二是组织统筹。总行专门成立了个人贷款审查审批中心，将个人贷款发放权限统一上收，小额个人贷款由单人即可完成审批，减少了审批层级，将审批时间从5个工作日缩短至最多30分钟。在一级支行，将公司业务部与个人金融部整合，成立业务发展部，将客户服务、产品设计、营销推广、审查审批等职能予以整合，形成了一体化的运营模式。

"小敏捷"

"小敏捷"主要聚焦产品研发部分。

兰州农商银行的产品研发过程，主要是"市场调研—需求采集—数据分析—流程与建模—IT固化—持续监测与迭代"六个步骤。其中，前两个步骤由领导、一线和前台部门联合完成，寓于日常工作当中，随时进行。后四个步骤是由前、中、后台部门协作执行和完成，专项研发（见图7）。因此，"小敏捷"主要体现在后四个步骤当中。

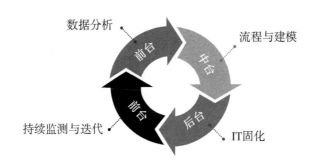

图7　产品研发流程简图

数据分析主要由前台部门执行。前台部门是各个部门中面向支行和客户最多的部门，也是主要的"扛指标"部门。因此，他们最了解实际情况，也最有动力推进产品研发。了解实际情况的基础是数据分析，用数据说话，并且将"业务语言"转变为"管理语言""科技语言"，将"客户需求""一线要求"转变为"业务需求"，在产品研发过程中充当"转化器"的角色。

流程与建模主要由中台部门执行。中台部门需要根据前台部门的需求，按照总行的风险偏好和风险制度，制定相应的准入、预警等模型，涉及制度和流程优化的，还需要修订制度，优化流程。

其中，各类模型是体现产品敏捷性的主要载体。兰州农商银行坚持将风控模型掌握在自己的手里，设置了"四横三纵、内外交叉"的模型体系。

所谓"四横三纵"，是指通过大数据技术横向采集人行征信数据、外部数据公司数据、行内数据及行业整体数据，纵向采集单个数据节点，将过去三年的数据进行整合分析。

所谓"内外交叉"，是将本行内部企业数据与外部互联网数据进行交叉验证，提高数据的准确性和一致性。

这一模型体系中，主要包括资格准入模型（解决客户能不能贷的问题）、产品准入模型（解决提供什么产品服务的问题）、额度测算模型（解决贷多少的问题）、利率定价模型（解决利率高低的问题）、贷后检查模型（主要用于序时检测贷款质量和后续管理情况）。对于风控模型的人工训练也至为关键，需要根据实际反应，常态化做回归性分析，并实时做好迭代优化。

IT固化由后台的科技部门来执行。科技部门根据前面的需求，结合自身的科技实际，快速用科技的方式来实现。在这个过程中，科技部门会主动"向前一步"，参与相关部门的讨论与研究，更精准地了解问题所在、部门思路，尽量避免走不必要的弯路。

持续监测与迭代又回到了前台，形成一个研发闭环。由前台部门监测产品投入市场之后的客户反响与员工反馈。由此，再进入下一个循环。

这样的划分，似乎流程很长。实际上，这只是为了表述清楚，真正执行，反而时间很短，很可能就是几个部门的一个早会就解决了。这就是小银行的优势，不需要那么冗长的流程和形式主义的规范，大家的事情商量着办，目的只有一个，就是让员工"打仗"有一杆"好枪"，进而为客户端上一碗"好粮"。

"天下武功，唯快不破。"兰州农商银行的"大敏捷"与"小敏捷"环境塑造，分别从组织和产品两个维度，实现了最快响应一线的需要和客户的需求，并在快速响应与把控风险之间寻得最优解、找到平衡点。由此，锻造出了一把产品"利刃"，练就了娴熟的"刀法"，两者配合，让兰州农商银行逐步成为兰州银行业中的"武林高手"。

第2节
"能够简单，便是伟大"

被誉为"美国的孔子"的爱默生曾经有这样一段论述："任何事物都不及'伟大'那样简单，事实上，能够简单，便是伟大。"兰州农商银行在产品研发的过程中，不敢奢谈"伟大"，却极力追求简单。

但是，将简单留给了一线和客户，就意味着把复杂留给了后台。基于这个逻辑，兰州农商银行提出了"能线上的，不线下，要线下的，不抛弃"的信贷产品研发原则，逐步形成了"四化"信贷模式。而基于这个模式所推出的"金城快贷"系列产品、"小微信贷"系列产品，已经成为兰州农商银行的两大产品支柱。由此，在保证兰州农商银行零售转型快速"上量"的同时，实现了提质增效。

2.1　"四化"信贷模式

地方性银行在发展过程中，因地制宜地总结出了多种信贷模式。兰州农商银行在确定信贷模式的过程中，主要参考了三个因素：一是客户经理的信贷技术专业素养，二是市场主体分布数量，三是总部管控一线道德风险的能力。

客户经理的信贷技术素养是开展信贷工作的一个关键，过去侧重投放大额贷款，许多客户经理没有掌握信贷的"技术含量"，更多是一个"做手续"的角色。即使是其中的个别佼佼者，也是使用着比较传统的信贷技术，对于新的信贷技术知之甚少。

市场主体分布数量是支持信贷模式可持续发展的重要基础。兰州市的经济总量在甘肃省内是最大的，但相比于沿海地区，市场主体算是比较少的，而且鱼目混珠、良莠不齐，需要深入其中进行充分甄别。

总部管控一线道德风险的能力是开展零售信贷的保障。一线人员的道德风险是零售信贷风险的主要风险源，兰州农商银行在零售转型之后，仅营销前端的人员就有1000多人，单靠传统的教育、监督，很难管得过来，也很难管好。

针对这种状况，如果引入先进信贷技术并同步加强总部管控道德风险的能力，需要时间，存在"等不起"的问题；如果专门组建一支微贷团队，从事市场拓展，又存在"养不起"的问题。因此，将前端做简化，让客户经理可执行是第一原则；将市场做扩面，适配每个客户是现实之选；用流程和系统做行为管控是可行的方式。基于这样的分析判断，兰州农商银行确定了标准化、简约化、智能化、集中化的信贷模式。

标准化

根据贷款对象、额度、用途等要素的不同，对应研发不同的标准化产品，设置不同的标准化流程。

标准化产品适合额度较小的消费类信贷需求，产品营销人员不需要尽调等流程介入，只需要通过分享二维码进行营销即可。这就像是给每个营销人员提供了一个"傻瓜照相机"，只要找到人，对着人"按快门"就可以。

标准化流程适合额度较大的消费类、经营类的贷款需求。这需要客户经理上门去做，主要是现场尽调环节，尽调的内容主要是模板化的信息采集、信用分析等工作，并按照固定流程去"走流程"即可。因此，这类产品本质上是尽调现场化、流程线上化的模式，可以做到全员营销，也可以通过合伙人，做到全民营销。

简约化

配合上述两个"标准化"的实现，兰州农商银行根据担保方式的不同，针对每种贷款类型，通过对重复资料进行整合，对非必要资料进行删除，形成最终的必要资料。

贷款资料优化后，签字减少50%以上，各类贷款借款人签字由10个减少为4个，按指印由10个减少为2个。

智能化

主要是借助科技的方式，从信贷流程上固化，从信贷风控上强化，从信贷能力上辅助，重点是辅助客户经理和审批人员。

辅助客户经理方面，客户经理不需要准备烦琐的材料，只需要辅导客户在手机小程序上提交贷款申请即可，系统会通过智能审批引擎自动处理客户的资质审核和额度评估，最快可在30分钟内自动完成审批。在贷后管理方面，依托大数据分析和人工智能技术，能够实时查询客户画像、评估风险，以及监测客户的资金流向和贷款使用情况，并辅助客户经理适时甄别风险和做好贷后管理。

在辅助审批人员方面，借助智能风控模型，实现对客户风险的动态评估和实时决策功能。系统根据客户数据和风险分级，自动生成授信额度建议，并输出匹配的风险定价策略，审批人无须手动处理复杂的风险分析，系统直接提供额度建议、利率设置和审批结果。审批人根据系统提供的报告进行复核。审批完成后，审批结果能够实时在"随手办"上显示。

集中化

集中化主要体现为"两类集中"。第一类"集中"，是针对个贷审批的集中，在总行专门设立审查审批中心，参考智能化风控结果，进行人工集中审批。第二类"集中"，是针对普惠小微贷款审批的集中，由一级支行设立贷款审批小组集中审批。

这两类"集中化"审批，紧贴自身的实际情况。对于标准化程度相对高的个人类产品，用全行集中的方式，将审批效率提升了60%以上，并且降低了经营成本，减轻了支行负担。对于标准化程度相对低的小微贷款，则充分发挥一级支行贴近前线的敏捷优势，在保证响应速度的同时，也保证了风控的稳健性。

总体来看，兰州农商银行的"四化"信贷模式，最大的特点是线下线上相结合。线下重点是"三层漏斗"筛选（见图8），其他全部交给线上处理。

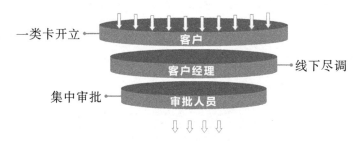

图8　兰州农商银行线上线下结合原理图

线下的第一件事是客户开立兰州农商银行的一类卡，便于贷款发放到卡上。而要开一类卡，按照监管的要求，必须亲见亲签，这就有效杜绝了欺诈风险。这一关至关重要，因为反欺诈风险的技术投入是一个巨大的数字，不是一家小银行所能担负得起的。

在这一层筛选后，个人贷款可以线上流转，而线上转线下贷款和小微贷款则必须由客户经理"线下"尽调，这又是一层筛选，而且在"个贷新规"实施的背景下，兰州农商银行客户经理多的优势则进一步彰显出来。

到了审批环节，根据产品不同，进一步加入不同类型的人工审批环节，又增加了一层筛选。

"标准化"保证贷款放得快；"简约化"让客户体验好；"智能化"让新加入的客户经理也能具备像老客户经理一样的能力，并且帮助审批人员提升审批效率；"集中化"则保证了贷款放得稳。由此，兰州农商银行的"四化"信贷模式保证了信贷投放的多快好省。

2.2 "金城快贷"

兰州农商银行的零售转型，核心是信贷结构调整，信贷结构调整的主要抓手是"四化"信贷模式。"四化"信贷模式的一个主要载体是"金城快贷"。这款产品的推出，标志着兰州农商银行真正开启了零售转型的加速时刻，因为"金城快贷"具有两个显著特点：一是"全"，二是"快"。

全：全覆盖零售客群

"金城快贷"是一个系列产品，基本覆盖了兰州的主流零售客群。比如，"农易贷"主要是面向辖区农户的一款产品，支持农业生产经营活动的融资需求；"薪易贷"主要是针对各类企事业单位职工，满足其消费、教育、医疗等个人贷款需求；"商易贷"主要服务于个体工商户和小微企业主，支持其日常经营资金周转；"市民贷"主要是针对兰州市民和新市民群体，适用范围更为广泛。

快：快速度满足客户需求

"金城快贷"，"贷"如其名，主打一个"快"字，最快30分钟即可完成贷款全流程。而要实现"快"的效果，整个信贷流程需要从四个方面协同发力。

第一个方面，线上线下结合。借款人通过"金城快贷"小程序等电子渠道，自主申请贷款，系统自动受理申请并开展风险评估。结合线下客户经理的无纸化尽职调查，实现贷款审批的半自动化操作。合同签订、贷款发放、贷后管理等核心环节，均可通过线上完成，并配合线下跟进，实现了线上线下的有机结合、自由切换。

第二个方面，适度引入智能化。线下主要是人工验证，而风险判断等方面大多依托大数据和智能模型，系统对客户的信用记录、资金需求、还款能力等进行全面审查，实现精准风控。通过客户银行流水、微信流水、支付宝流水、个人所得税APP等多维度数据采集，快速生成调查报告，为审批提供翔实依据。

第三个方面，全程无纸化。线上环节，所有贷款流程完全摆脱传统的纸质材料，客户无须提交大量证明文件，客户经理使用"随手办"录入信息和提交审批。签字确认环节，则采用人脸识别和视频面签技术。

第四个方面，流水化作业。"金城快贷"的整个作业流程，采取流水化作业模式（见图9）。

客户在手机小程序发起申请，填写基本信息。对于符合纯线上贷款条件的客户贷款申请，无须线下尽调，直接跳转至准入环节。对于不符合纯线上贷款条件或者对贷款额度不满意的贷款申请，需要转线下人工办理。准入环节，系统自动判断是否准入并给出额度等信息。对于转线下人工办理的贷款，客户经理提交授信申报后，进行集中审批。授信审批通过后，进入签约环节，通过甘肃省农信联社核心业务系统签署合同。签署合同后，可自主或者受托用信。贷后管理则由系统完成，对于出现欠息等现象的，转交人工办理。

2023年至2024年，兰州农商银行"金城快贷"累计放款170多亿元。这种模式既不是国有大行的纯线上数字普惠模式，也不是许多中小银行的线下传统模式，而是将线上与线下两个方面的优势进行了"混合"。正是这种"混合"才最为实用，也最符合兰州农商银行的实际。

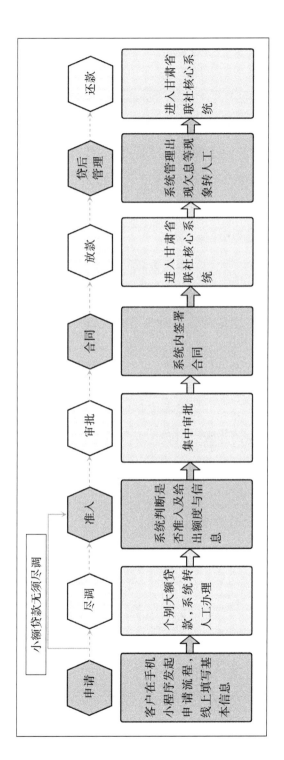

图 9 "金城快贷" 流程原理图

2.3 "过筛子"式小微信贷

小微信贷是一个世界性的难题，概因小微信贷既不像个人信贷那样具有人格化特征①，又不像大中型企业那样规范。但小微信贷既是国家政策倡导的方向，也是兰州农商银行大零售转型的核心内涵之一。因此，破解这道难题是必须完成的任务。

为了完成这项任务，兰州农商银行重点从组织设置、流程优化和人员选拔三个方面做出了积极的探索。

组织设置

兰州农商银行取消了原来的公司业务部，将公司类业务合并到新设立的普惠金融部，并且由该部重点管理1000万元以下的普惠小微贷款业务。普惠金融部主要负责小微业务的管理工作，营销、审查、审批等具体操作流程由一级支行来承担。

流程优化

小微信贷流程的主要步骤为初筛、尽调、组卷、审查、审批、签约、放款、贷后管理。其中，初筛是最大的亮点，其他步骤基本和大多数银行的模式相同。

初筛可以比喻为"过筛子"。所谓"过筛子"，就是将小微信贷的风险前置，利用智能风控技术，将统一获取的小微客户名单先行筛查，筛出不符合贷款条件的客户，形成符合贷款条件的客户名单，并根据地域等特征，转交支行逐户上门提供信贷服务。

人员选拔

对于从事小微信贷业务的客户经理，要求具有相应的专业资质，要通过甘肃省农信联社组织的资格考试，再进行内部认证。但没有对客户

---

① "人格化特征"是指将人类特征赋予非人类、物体或者组织。

经理进行个贷、小微等维度的细分，而是由一级支行的业务发展部来统筹安排。之所以这样安排，主要是为了机动作战和工作联动，发挥"1+1>2"的整合效应。

兰州农商银行的小微信贷模式，相当于互联网外卖服务模式，将客户经理作为"信贷服务外卖员"，线上派发工单，线下直达服务。由此，突出体现了"快"的特色。"快"主要体现在两个方面：一是触达快，二是办理快。

"触达快"是因为从甘肃省财政、工信、税务、工商等部门集中获取了名单，并且建立了自身的企业信息数据库和产品库。基于这个基础，再按照不同企业性质及区域划分，向就近的客户经理进行直接推送，并规定营销时限，确保客户经理在收到信息后，及时完成初次拜访。

"办理快"是因为系统为客户经理做了"助手"。一是将小微信贷作为"金城快贷"的延伸，入口搭建在"金城快贷"上面。二是辅助尽调，在过去的贷款尽职调查过程中，客户经理需要在收到客户申贷信息后，通过自身渠道收集和验证各类信息，以此来判断企业是否符合贷款准入条件，普遍需要2~3天。新的模式下，基于符合区域条件的小微企业线上风控模型，通过引入近百个数据接口，实现了征信报告即时分析、风险信息全面监测，极大缩短了客户准入评价周期。由此，在提升办理效率的同时，有效地降低了因不同客户经理能力差异而导致的贷款风险，一定程度上解决了新客户经理的能力断层问题。

正是因为有了"快"的优势，兰州农商银行到2024年末，已经累计推送意向客户3.23万户，投放贷款39.03亿元，占新增贷款总规模的59.85%。由此，普惠小微业务撑起了兰州农商银行零售转型的"大半边天"。

第4章
构建活客体系

通过多渠道、多方式获客，进而提供响应客户需求的金融产品，兰州农商银行的信贷客户数量实现了翻番。那么，这是不是就结束了呢？显然不是，前面的工作都是在搭台，真正的高潮是客户运营，通俗地讲，就是"活客"，就是激活各类客户，保持持续互动。

为什么要这样做？源于兰州农商银行"多么痛的领悟"。过去，客户营销形成了"一边营销客户，一边流失客户"的现象。造成这种现象的原因有许多，但主要原因是指挥棒出了问题。由于过去是简单的规模性指标导向，基层支行只能是"什么来得快就做什么"。在这种背景下，当然是做大业务、大贷款来得最快。零售转型也讲求规模，但是对于规模的定义发生了转变，变为基于客户增长带来的业务规模增长。因此，只有做好客户基数等过程性指标，才能实现存贷款等业务的结果性导向。

做好过程管理，关键一点就是在存量客户里面"挖金矿"。存量客户的来源有两个方面：一方面是经营数十年积淀的众多客户，虽然客户活跃度不高，但有基础，关键在于怎么"促活"？另一方面是新拓展的客户转变成存量客户，这类客户也需要继续"促活"，否则，又会变成过去的老样子。

如何"促活"？怎么"挖金矿"？百万级的客户基数，单纯依靠人工，显然是不行的。单靠人工，只能维系一些头部客户，要想全量客群经营，必须依靠科技的力量。

由此，兰州农商银行构建起了从客户洞察到客户运营的智能体系，涵盖了客户价值管理、客户价值营销、AI客户经理智能化运营和"金城驿站"权益等体系，以此实现全量"促活"、持续互动的效果。

"客户洞察"是在"KYC"（了解你的客户）的基础上，更进一步，做到懂客户。实现懂客户，而且是那么多客户，就需要通过模型设计来实现。光懂客户也不行，还要进行价值测算，进而确定不同客户的不同维护策略。制定不同策略还是不够的，还需要做好事件管理，当客户状况出现变动时，可以第一时间跟进，以此才能真正做到"比客户更懂客户"。

"客户运营"是与存量客户持续"互动"并"处好关系"的过程。这就需要在对客户洞察的基础上，确定相处之道和对应的策略。而且这些策略主要是通过科技系统来自动实现的，必要的时候才会人工干预，否则很难真正落地。而要实现与客户的常态化互动，就需要通过"金城驿站"的权益平台来保障。因此，兰州农商银行的客户运行本身也是一个小的生态系统。

客户是零售转型的核心要素。在一"懂"一"动"之间，客户的活跃度和忠诚度得以同步提升。而有了客户的活跃度和忠诚度，自然就带来了低成本的存款和可持续的价值。由此，兰州农商银行的零售转型实现了正向循环。而且，随着时间的推移，这个正向循环会不断地加速运转。

第1节
客户洞察

过去，支撑银行经营的"KYC"（了解你的客户）理念，是"CRM"（客户管理系统）。这种模式的出发点是好的，但是，这种设计从一开始就有一个明显的缺陷，那就是客户不是用来"管理"的，而是需要"经营"的。每个CRM系统里登记了大量客户的大量信息，虽然有分类，但是，这只是将客户做了不同维度的"分割"，而不是围绕一个活生生的人进行不同维度的"合并"。

兰州农商银行按照"经营客户"的理念，借助新的技术条件，通过模型设计、价值测算、事件管理，对客户的心理进行抽丝剥茧、直指本质的理解，实现了从"了解你的客户"到"懂你的客户"的跨越。

1.1 模型设计

模型是随着技术进步而"飞入寻常百姓家"的一个词。模型的定义有许多，简单地讲，模型是主观基于客观的抽象提炼。从银行应用的角度来说，可以简单地理解为"规律"。兰州农商银行的模型设计是基于客群分析和经营管理的需要，将当下流行的大模型技术转变为业务营销和客户经营的"小模型"，主要目的是将复杂的客户需求转化为客户经理一目了然、可以直接执行的任务。

客户需求是多样化的，但也是有规律可循的。模型设计就是用系统化的方法，了解客户的心理和行为，提取客户的典型特征，进而为业务开展提供支撑。兰州农商银行的模型总体分为四个大类，分别为基础模型、精准营销模型、交叉营销模型和风险预警模型。在每个大类下面，还会根据需要进一步细化相应用途的模型，形成一套模型体系。

基础模型

客户需求是基础模型，主要的作用是为客户画像，并为其他模型打基础。基础模型主要由三个要素构成，分别是人口统计学特征、行为特征和风险特征。

人口统计学特征主要是客户的基本信息，如年龄、性别、教育程度、职业、收入水平、资产规模等。这些特征可以帮助银行了解客户的消费习惯和购买能力，从而更好地满足客户的需求。

行为特征主要是客户的购买行为和消费习惯。比如，客户的投资偏好是高风险型，还是稳健型；客户的消费习惯是线上支付，还是线下消费；客户的还款行为是按期还款，还是提前还款，等等。由此，可以了解客户的购买决策过程和购买动机，从而更好地满足客户的需求。

风险特征主要是通过分析客户的投资组合和账户波动性，评估其风险承受能力。由此，可以为精准营销、风险管控和产品推荐提供有力支持。比如，当某客户的账户多次出现大额资金流动且缺乏合理理财时，系统会为其主动推荐适合的存款产品服务。

精准营销模型

基于基础模型，兰州农商银行可以制定出差异化的营销策略。根据客户的金融需求、风险承受能力、消费习惯等特征，匹配最适合的金融产品，并通过私域平台进行精准推送。同时，配套建立了营销效果的评估体系，以此来促进营销策略的不断调整和持续优化。

交叉营销模型

这类模型是围绕客户全生命周期，构建的多个交叉营销预测模型。

包括信用卡客户向贷款客户转化、存款客户向贷款客户转化、收单商户向贷款客户转化等多个场景的预测模型。通过模型分析，识别潜在目标客户，为实现交叉营销和产品渗透提供依据。

风险预警模型

通过对客户行为、交易数据的实时监控，及时发现潜在风险，并自动触发相应的处置流程。风险预警信息及时推送给客户经理，实现风险早发现、早处置。风险预警主要是贷前预警、贷中管控和贷后管理三个阶段。贷前预警是基于客户画像和历史数据，评估客户的信用风险水平，为授信决策提供参考；贷中监控是实时监控客户的交易行为和账户变动，识别异常情况；贷后管理是对逾期风险进行预测，并根据风险等级采取差异化的管理措施。

模型设计是一个技术活，许多人对于技术不懂，容易望而生畏。兰州农商银行的实践证明，技术是为业务和管理的需要而服务的，想清楚"要什么"比技术方面的"怎么做"更重要。

举例来说，兰州农商银行有4万收单商户，其中，有8000贷款户。传统的做法是将收单商户名单直接导给客户经理，让客户经理逐户去营销没有贷款的收单商户。而现在的做法是，先将8000贷款户的特征提取出来，并进行模型设计。模型设计基于历史数据来抽象规律，再与3.2万无贷户进行相似度计算，生成客户动态模型标签。由此，客户经理不是拿着全量清单去"撒网"，而是拿着商户"画像"去"捕鱼"。显然，营销的达成率就更高了。

模型设计是少数人参与的事情，但模型使用是需要大多数人参与的事情。有了模型设计得出的结论，各级管理人员可以更好地制定相关的管理策略，进而直接下达客户经理的执行任务。客户经理只需要按照任务清单去执行就好，关键是这种管理模式下的执行，不是盲目执行，而是非常清晰地执行，"营销多少客户""客户的情况是什么样的""该采取什么话术""重点营销什么产品"等，都应清清楚楚，明明白白。

1.2 价值测算

模型设计只是迈出了客户洞察的第一步，紧接着需要做的事情是进行客户价值的测算。价值测算的目的，是为客户的分层分类提供依据。而做好了客户分层分类，可以为不同客群的不同经营策略打下扎实基础，进而促进客户的自我激励。

测算依据

客户价值主要从四个角度进行建模分析和综合测算。

一是量，主要评估一个客户在兰州农商银行的 AUM（资产管理规模）、客户持有的产品数和使用产品频次，由此可以判断客户的活跃度和忠诚度。

二是质，主要是评估一个客户为兰州农商银行的利润贡献度，由存款年累计 FTP 净收入与贷款年累计 FTP 净收入相加得出。

三是值，主要是评估一个客户在兰州农商银行的成长价值，进而依据成长值划分客户星级。

四是险，主要是评估一个客户与兰州农商银行合作的风险状况。

分层分类

有了价值测算这个基础，兰州农商银行将客户分为不同层次，并根据不同层次的客户制定对应的服务策略。

对于高净值客户，为其提供个性化财富增值方案、专属权益活动和"一对一"服务，以增强客户黏性。

对于优质成长型客户，通过提供创业贷款、教育贷款等多样化金融产品，帮助客户实现财富增长。

对于普通客户，为其提供低成本、高覆盖率的基本服务，持续用力提升客户层级。

对于"沉默"客户，通过关怀电话、节日问候等方式，重新激活这些客户，并推送优惠活动信息。

价值营销

基于价值测算和分层分类两个基础，兰州农商银行可以通过客户价值管理体系全面分析全行客户的价值变迁情况，及时为各种等级变迁客户制定专项营销活动方案，实现客户精细化运营和价值提升。同时，可以通过产品贡献度优化产品设计，促进交叉销售，实现产品全生命周期管理。比如，可以根据客户在某一产品上的关注度，精准推荐关联产品。

自我激励

客户价值管理相当于是给客户"贴标签"，其直接目的是便于做好客户经营和业务营销，长远的目标是实现客户自我激励。

客户价值管理系统支持以可视化的形式将客户等级晋升通道展现在客户微信小程序上，让客户直观地了解当前所处等级以及如何实现等级提升、等级提升后可以解锁的相关权益。

客户经理在与客户的持续交流过程中，也会辅导客户了解自己在兰州农商银行所处的层级，告知客户再做哪些动作，比如增加多少存款，每月再多用几次银行卡，就可以升级为上一个层级的客户，而上一个层级对客户来说又能享受哪些权益，给客户带来哪些实惠和便利。由此，让客户逐步了解兰州农商银行的"全套服务""全程优惠"，进而形成自我激励、主动进阶，对该行建立起真正的忠诚度。

"经济学家对服务经济领域分析的时候发现，'市场份额=利润'的原则出现了明显的例外。当顾客的忠诚度每提高5%，其利润上升的幅度竟高达25%至85%，因此，市场份额的质量（用顾客忠诚度来表示）远比市场份额的数量更重要。"①由此，我们可以更加深刻地理解客户价值测算的现实意义。

在当下激烈的市场竞争和不断缩窄的息差背景下，真正的成功不是提高了多少市场占有率，而是拥有多少忠诚客户。因为忠诚客户才是利润的根本保障，才是核心竞争力的真正体现。兰州农商银行通过价值测算，配套各类服务策略的最终目标，就是让更多的客户与兰州农商银行形成长期的忠诚关系，以此来构筑起可持续发展和应对市场竞争的"护城河"。

1.3 事件管理

构筑"护城河"，并不是一蹴而就的，而是在日积月累的事件管理中逐步累积起来的。

所谓"事件管理"，就是在日常经营当中，对未计划但可能导致客户流失、资产变动、服务质量下降或中断的情况，进行识别、记录、分类、优先排序、处理、监控和关闭的过程。

维护忠诚客户，大多数银行的通行做法是，将CRM中的客户名单分类导出来，分给客户经理，客户经理再根据名单做出相应的执行动作。由于没有清晰的客户画像和动态跟踪，客户经理很难用起来；由于没有对客户经理行为进行赋能与管控，许多工作费时费力又没有效果。

兰州农商银行的事件管理，通过事件识别和跟进服务，很好地弥补了这些缺陷。

事件识别

事件管理需要基于扎实的数据治理基础之上，进而通过统一的事件管理平台，实现事件的自动化处理和持续改进。兰州农商银行在这方面

① 李长云：《信息技术与客户价值提升》，据共产党员网，https://www.12371.cn/。

已经迈出了扎实的一步，能够识别客户生命周期中的关键事件，如薪资入账、节假日、存款到期、贷款到期等，这些节点常常是触发客户需求的关键时刻。

比如，对于存款产品到期提醒这个事件，可以为客户做到在产品到期前及时推送续存或相关替代产品；针对节日的关怀营销，可以通过节假日向客户发送关怀信息，加强客户关系。

针对贷款到期提醒的事件，可以提前通知客户贷款即将到期，避免逾期；对于沉默客户，可以通过短信或电话进行回访，激活沉默客户。

跟进服务

除了对固定事件的识别与自动告知，还需要对客户的非固定事件进行识别与实时反馈。识别只是手段，不是目的，目的是将识别的信息实时反馈给管户人员，由管户人员跟进了解情况，并根据客户的实际情况，采取相应的维护策略。

比如，某位客户取走了一笔大额现金。过去的模式是，到了一定的时间节点才会发现，只能是"亡羊补牢"。而兰州农商银行有了事件管理的能力后，可以在第一时间发现这笔动账，进而及时反馈给管户人员，了解客户取款的原因，跟进相应的服务策略，实现及时止损。

事件管理对于时效性的要求极高，兰州农商银行的原则是"黄金72小时"，3天之内必须搞定。因此，对于技术要求和组织协同效率都很高。兰州农商银行这套"打法"的核心逻辑是"引入人工智能，解放客户经理"。

我们继续用案例来说明。比如，客户贷款还有1个月到期，这就是一个事件。许多银行主要依靠CRM，但这种方式仅仅可以做到提前告知，很难有实际用途，因为客户经理顾不过来。兰州农商银行的做法是，一发生贷款即将到期的事件，先由人工智能触达客户，进行沟通交流。这个过程，客户经理可能根本不知道，也没有参与。如果客户继续使用贷款，人工智能会将相关信息反馈给客户经理。如果客户有可能流失，人工智能会给客户自动配置20天的贷款免息（权益），引导客户留存下来。如果谈成，客户经理直接办理。如果没有谈成，提级到电话，形成电话工单，派发给客户经理，客户经理用"随手办"进行电话沟通。如果客户需要上门服务，客户经理再提供上门服务。

可见，事件管理是由"系统做预判、做代办"和"人工做跟进、做闭环"结合起来形成的一套"组合拳"。由此，CRM系统从"静止状态"变成了"动态跟踪"，也给客户经理插上了"隐形的翅膀"，切实起到了赋能的作用，为后续的客户经营奠定了扎实基础。

第2节
客户运营

在客户洞察的基础上，兰州农商银行重点做的是客户运营。我们对业务运营并不陌生，但对客户运营还不熟悉。

所谓"客户运营"，就是围绕客户的全生命周期做好计划、组织、实施和控制。客户运营是落实"经营客户"理念的主要抓手，真正体现了从"经营业务"向"经营客户"的转型。

在具体操作中，兰州农商银行主要采用了"三步走"的方法，分别为定策略、建平台、配权益。

2.1 "三提一防"策略

兰州农商银行实行统一的客户运营策略，分为营销策略和维系策略两大类。营销策略主要包括注册未申请、授信未签约、签约未用信、续贷策略、存量回洗、提额营销、拉新策略等。维系策略主要有晋级有礼、生日礼遇、办理有奖、节日祝福、产品推荐、本地精选、优质好物等。

这些策略可以归纳为"三提一防"策略，即提升不动户、"睡眠户"的活跃度，提升存量客户的价值贡献，提升客户的资产额度和防止客户流失。

激活"睡眠户"

目前，兰州农商银行个人存款客户有113.28万户，其中，年动账户在1次以上的，占比仅仅为1.01%，常年不动户占比为29.63%，账户年日均余额在1000元以下的客户数占比为25.96%，零余额账户占比为13.89%。从这些数据可以看出，兰州农商银行的客户基数是庞大的，可挖掘的空间也是巨大的。

基于这种情况，兰州农商银行首先做了客户认领工作，已经认领的客户，由认领人员促活，相应地，认领人员享受对应的绩效。在认领的基础上，对于没有认领的客户，划入网格。划入网格不是让客户经理去激活，而是利用人工智能的方式去批量激活。对于其中能激活或者有激活线索的，转交网格人员跟进服务，并明确为网格人员的管户任务。

增强客户忠诚度

"提升存量客户的价值贡献"策略的主要体现是提高客户忠诚度。在兰州农商银行庞大的客户基数中，真正对该行贡献利润的客户占比不足5%。这意味着贡献利润的客户比例提升到10%，兰州农商银行的总体利润就会翻一番。而要实现这样的目标，难度并不算大。在低净息差的当下，这种方式是很好的突围之策。

实现这样的目标，兰州农商银行的策略是通过客户洞察，实现客户价值贡献的量化展现。在此基础上，利用智能触达、营销活动、客户权益等方式促使客户增加产品持有，实现交叉销售、深度捆绑的效果，进而让客户变成忠诚客户，增加价值贡献度。

提升品牌溢价能力

只有客户愿意将更多的资产放在兰州农商银行，才说明兰州农商银行具有"江湖地位"，才说明兰州农商银行的跟进服务真正做到位了。

如果说第二个策略是为了客户在兰州农商银行的"久"，那么，第三个策略目的就是"高"，即提高客户的资产额度。因为某个客户在兰州农商银行是普通客户，但在其他银行可能是贵宾客户，关键在于能不能实现这种转化。

提高客户资产额度的关键在于提升临界值客户的转化率。兰州农商银行通过智能分析，在智能触达、营销活动、客户权益等方面，增加了一个环节，就是将临界客户的画像和清单派发到支行，由支行做总体统筹，由网格管理人员有针对性地联系和跟进服务，推动客户的主动进阶。

改善客户流失的现象

近年来，随着大行下沉，各家银行在普惠金融领域的竞争愈加激烈，特别是头部客户的"掐尖"现象十分严重，这就加剧了客户（特别是头部客户）流失的概率。

针对这种状况，兰州农商银行推出的防止客户流失策略恰逢其时，非常必要。这种策略的主旨是典型的"智能+人工"模式。"智能"体现一个"快"字，提前预判客户可能出现的情况，一旦发生流失征兆，第一时间触发响应流程，由人工跟进挽回。

可以看出，这四个策略都是针对经营和管理中的突出问题而制定的。客户活跃度高，在提升存款规模的同时增加活期存款，进而降低付息率。客户与兰州农商银行打交道时间长，愿意将更多资产交由兰州农商银行打理，且不流失，便能够带来客户的忠诚度，解决当下低净息差的问题。

基于这种能力的积淀，兰州农商银行确定了三年"小目标"。从2024年起，贷款客户流失率每年降低3%～5%，续贷率提升到10%，大额存款客户维护覆盖率达到30%～40%，客户经理工作效率提升15%～20%，新增客户获取率年增5%～10%，客户满意度提升3%～5%。通过一个又一个"小目标"的达成，最终推动零售转型更上一层楼。

2.2 智能运营

无论是客户洞察，还是客户运营，都不得不面对一个实际的问题，那就是百万级的客户，单纯依靠人工，肯定是做不过来的。为此，兰州农商银行搭建了客户智能运营平台，依靠科技的方式来实现对全量客户的互动与经营。

这一平台主要包括三大体系，分别为客户价值管理体系、客户价值营销体系和AI客户经理智能化运营体系。客户价值管理体系包含客户分层查询、等级变迁记录、客户分层权益配置、晋级任务配置等功能，主要用于客户洞察。客户价值营销体系和AI客户经理智能化运营体系主要用于客户运营。

客户价值营销体系

客户价值营销是在客户洞察的基础上进行的智能营销，主要分为两类：一是任务营销，二是社群营销。

任务营销是将营销费用前置，帮助客户经理轻松实现营销任务的落地。可以根据不同时段的营销重点以及主推金融产品，为客户配置各种营销任务，设置对应的权益、奖励和升级机制。客户完成活动配置的任务指标后，即可实时获得权益或者完成晋级。

社群营销是基于企业微信，通过将客户特别是外出务工人群、社区居民加企业微信好友，按照村组、社区微信建群的形式，构建兰州农商银行的私域流量营销模式。针对微信群内客户，配置各种营销福利活动，也可以配置进社区、进村组等各种社区营销活动方案。活动方案配置成功后，可以实时发布到企业微信客户群中，居民通过微信在线报名参与各种线下营销或沙龙活动，将居民日常生活需求、金融服务需求融入企业微信的日常运营之中，形成基于微信搭建起的线上线下一体化、自我循环、自我发展的本地化金融生态系统。

AI客户经理智能化运营体系

这一体系主要包括AI客户经理和智能化客户运营两大模块。

AI客户经理是为每名客户经理配置一名AI助手，对贷款催收、客户营销、客户关怀、金融资讯、周边商家优惠、金融知识、客户互动等内容进行标准化、数字化封装，基于自主配置的运营规则，通过客户经理的AI助手，实现客户经理与客户的标准化、智能化互动，从而有效破解电话、短信营销中存在的催收、营销消息无人接听、拒收等难题。

智能化客户运营是针对不同等级的客户配置各类客户服务和客户关怀规则，实现和客户的标准化、定时互动，提升客户体验度。前文所述的"社群金融"，客户经理添加客户微信并将客户邀请入群之后，重点是与客户的日常互动。但是，光靠客户经理与庞大的客群互动是不可能实现的，借助AI客户经理，让AI协助客户经理处理常规事务的同时，保持与客户的常态化互动是可以实现的。由此，形成了"人工+AI助手"与客户互动的模式。

"人工+AI助手"与客户互动的模式，主要分为两类。

一是"点对面"的群聊，这是以各营业网点为中心，对辖内客户进行建群管理，并精选线下优质商户入驻社群的模式。支行行长通过AI客户经理在企业微信群中进行日常互动，提升群内客户活跃度，提高客户黏性。

二是"点对点"的私聊，在客户添加客户经理企业微信后，客户经理通过AI客户经理与客户进行微信互动。互动内容包括邀请客户进行实名认证、邀请客户入群、节日问候、贷款到期前提醒、结息日提醒、定期存款到期前提醒等私聊互动，实名认证和邀请入群可配合发放群豆或红包，提升客户的积极性，积攒群豆及红包可兑换"金城驿站"商品或其他权益礼品。

可以看出，客户智能运营的本质是利用人工智能为营销和互动"打下手"，协助支行和客户经理做了简单、重复、大量的辅助性工作，由此破解了一直以来都无法解决的客户"进不来、无互动、留不住"的难题，进而实现了用客户的活跃度提升活期占比、用客户的忠诚度提升利润贡献的双重目标。

2.3　"金城驿站"

看到这里，我们基本理解了兰州农商银行的活客体系，那就是基于客群的不同特征，通过企业微信，推荐和提供相应的产品和服务，并通过"人工+智能"的方式进行持续互动。在整个过程中，始终有一项要素穿插其中，那就是客户权益。

客户权益也是一个体系，兰州农商银行将其称之为"金城驿站"。"金城驿站"是兰州农商银行通过线上方式，为客户搭建的能够集中获取自己感兴趣的一系列权益的平台，对于业务营销、客户互动、资源整合等方面均有积极的促进作用。

业务营销

兰州农商银行根据业务发展的需要，确定营销策略。而权益平台可以集中发布各类积分抵扣、促销优惠等活动，以此来吸引和留住客户，提高营销达成率和客户满意度。

客户互动

兰州农商银行根据不同客户的不同合作情况，匹配不同的权益，其中，既有共性权益，也有个性权益，并将各类权益上架至"金城驿站"的"本地优选"模块，客户注册"金城驿站"小程序后即可领取权益。随着客户在兰州农商银行的业务变化，权益也相应变化，以此来带动客户更多地使用兰州农商银行提供的产品和服务，形成互惠互利的稳定关系，不断提升客户的忠诚度。

资源整合

除了整合丰富的商品资源、满足客户的不同需求之外，兰州农商银行还将合作的商户引流至权益平台，提供社区拼团、预售自提、第三方物流配送等功能，帮助商户引流和销售商品，也为客户提供便利，逐步构建社区金融生态圈。

在构建"金城驿站"权益平台的基础上，兰州农商银行利用新媒体渠道开展线上直播。有了权益平台，线上直播就跳出了"就直播谈直播"的银行困境，而是可以将线上直播与业务落地联动起来，实现有效转化，形成"线上打品牌、线下做业务"的新模式。

下面，我们来看一个真实的案例，了解一下金融助理遇上直播带货会产生什么"化学反应"。

"金融助理+直播带货"

小芦是东岗支行雁西路支行主持工作的副行长，兼任雁南街道金融助理、沙洼河村社区金融专管员，也是甘肃省农信联社和兰州农商银行的"带货主播"。

在参与一次社区活动的时候，她被邀请担任"带货主播"。由此开始，她潜心研究利用新媒体方式营销的可行性。之前，由于没有配套措施，她总是会陷入"赚吆喝、不赚钱"的困境。

有了"社群金融""金城驿站"等这些扎实的基础后，就可以很好地突破这种困境，让线上直播变为业务营销的新渠道、客户维系的新途径、深化商家关系的新方式。

在业务营销方面，她不是直接宣传银行的产品，而是给大家讲解金融知识，树立兰州农商银行"负责任、信得过"的品牌形象，她也将自己塑造为客户眼中的"金融专家"。有了信任，她的业务自然也就来了。

在客户维系方面，她主要是基于社群经营带来的客户流量，以及担任金融助理辐射的客群，将直播带货的优惠与权益回馈给这些客户，让客户真正得到实惠的同时，促进更多业务达成。

在深化商家关系方面，她将自身拓展的商家商品上架到权益平台，帮助商家销售商品的同时，也进一步加深了双方合作的关系。

2024年前9个月，芦行长先后以主播身份参加了甘肃省政府组织的"甘味年货节"活动、甘肃省农信联社组织的"甘味迎春早、农信送福到"直播带货活动和"飞天e生活"网络直播营销活动，还有团省委举办的"甘味出陇，青春赋能"直播带货活动等。通过"金融助理+直播带货"这一新赛道,她累计参与网络直播和直播带货活动18次,场均在线人数达到8万人,累计帮助农户、企业销售各类产品5万份,直播带货销售农产品金额超过100万元。

而她成了"明星"以后,对于业务推广有很大的助力作用。仅一次社保卡金融账户激活的社区活动,就累计发放社保卡247张,新增手机银行用户100余户,预约办理存款业务10余笔。截至2024年8月末,雁西路支行存款余额5.07亿元,较年初净增7250万元,完成计划的234.78%;各项贷款余额为5020万元,完成计划的101.82%。

通过这个案例可以看出,"金城驿站"既是一个维护客户权益的平台,也是一种创新业务拓展渠道的"基础设施"。有了这样的"基础设施",就为全量客户营销拓展、全面客户关系维护和全行员工施展才华创造了无限的想象空间。

毛泽东曾经做过一个形象的比喻:"我们的任务是过河,但是没有桥或者没有船就不能过。不解决桥或船的问题,过河就是一句空话。不解决方法问题,任务也只是瞎说一顿。"如果说兰州农商银行的"任务"是零售转型,那么,获客、产品、活客就是"过河"的"桥"和"船"。这既是一套获客批量化、产品标准化、活客常态化的"组合拳",也是一种业技融合、土洋结合的领先零售业务方法论。

第 3 编

管 理 编

管理大师彼得·德鲁克曾讲道："管理是通过激活与释放管理对象的能量和潜力，为目标、结果服务。"围绕零售转型这个战略目标，兰州农商银行紧密结合自身实际，不断调整和优化各项管理举措，激发全员的能量和潜力，以此为零售转型这个目标服务。

这些管理举措，分布在不同层级、不同条线、不同岗位上，也穿插在过去五年的转型全过程当中。形式在不断变化，但基本原理并没有变，那就是围绕"有效客户"这个原点，人力资源管理解决"有人干"的问题，绩效管理解决"有意愿"的问题，运营管理解决"有效率"的问题，科技建设解决"有装备"的问题，其他职能部门解决"有保障"的问题。由此形成了业务与管理双向互动、良性循环的"飞轮模式"（见图 10）。

图 10　兰州农商银行零售转型管理原理简图

"有人干"是因为零售转型具有"大兵团作战"的特点，讲求"韩信用兵、多多益善"。因此，兰州农商银行零售转型的首要问题，其实并不是技术，而是"人"。

"有意愿"是在有了足够数量的"人"之后，还需要进行有效的激励。外在激励靠绩效考核，内在激励靠企业文化。绩效考核的前提是"要有钱"，兰州农商银行的零售转型不仅基础薄弱，而且本钱也少，可投入的资金并不多，还遭遇了利率下行期，因此，需要精打细算，做好财务统筹，把钱花在"刀刃"上。而企业文化的核心是重塑价值观，并做好宣传贯彻工作。

"有效率"是在人调动起来后，对流程进行持续优化，用制度管人、流程管事，并用科技固化下来，变成易操作、可留痕的工作轨迹，以此形成真正意义上的流程银行。

"有装备"是利用先进的科技手段，为业务和管理的需要解决实际困难，为支行和员工完成任务指标发挥助力作用。

"有保障"是调整各个部门的职能，按照"向前一步"的原则，用目标联结、考核联动等方式，推动各个部门在履行好管理职责的基础上，主动为前台和一线赋能。

《飞轮模式——从优秀到卓越的行动指南》一书中讲道："我们的大量研究表明，如果你真正地构建你的飞轮，并一直专注于飞轮的迭代和延展，那么你的飞轮就会经久不衰，甚至能够确保你的组织成功跨越重大的战略拐点或不确定性。"[1]兰州农商银行正是因为建立了并持续优化着业务与管理的"飞轮模式"，才克服了转型路上的各种不确定性，不断实现从优秀到卓越的跨越。

---

[1] ［美］吉姆·科林斯、李祖滨译：《飞轮模式——从优秀到卓越的行动指南》，中信出版集团2020年版。

第5章
激活人力资源

零售业务的一个显著特征是劳动密集。因此，引进人才、增加人手，是许多银行零售转型的惯例。但真正的高手是在条件不变的情况下，仍然可以做出不一样的事情。

兰州农商银行零售转型的一个特点就是没有增加员工人数，而是通过岗位调整、绩效考核、文化建设等方式，激活了人力资源，激发出了员工的内在动力，实现了人数不增，但动力增加、业绩增长。

第1节
"千军万马+金融科技"

客户经理占比和人均管户是衡量我国中小银行经营和管理水平的两个非常务实的指标。这两个指标虽然不像经营性指标那么直接，却可以间接地影响经营效果。客户经理占比考验的是人力资源管理水平，而人均管户则与科技能力、运营管理息息相关。一方面，兰州农商银行强化人力资源管理，提升客户经理的人数占比；另一方面，通过运营减负、科技赋能等方式，提升客户经理的管户人数，最终形成了"千军万马+金融科技"的零售组织模式。

1.1 60%的客户经理占比是如何做到的?

从全国的情况来看，但凡客户经理占比低于20%的中小银行，大都经营得不太好；但凡客户经理占比高于30%的中小银行，大致经营差不到哪里去。而兰州农商银行目前的客户经理占比是60%以上，远远高于这个占比。这是兰州农商银行零售转型得以顺利推进的"第一条"。

那么，兰州农商银行是如何做到的？概括起来，主要是推行了五项务实而创新的举措。"务实"，是因为这些举措并不花哨，都是根据自身的实际想出来、干出来的。"创新"，是因为这些举措确实突破了许多传统的条条框框，有的做法放到全国同业当中，也有示范效应。

推进人员"转岗"

兰州农商银行在零售转型的过程中，先后进行了三次"三定"工作，每次"三定"的一个重点是"转岗"，将中后台人员转移到前台和一线，从事客户经理岗位工作。

"转岗"的方式，主要是"两手抓"。一手抓"疏"，将绩效工资、荣誉激励、干部提拔等政策大幅度地向一线倾斜，引导员工主动从事客户经理岗位；另一手抓"堵"，依靠机制选人用人，杜绝"走后门"现象。

推行"混岗"模式

对于具备条件的支行，鼓励支行实行"混岗"模式。

所谓"混岗"，就是打通岗位界限，一人双岗，网点人员既可以是客户经理，也可以是柜员。岗位转换是根据柜面业务办理的波峰分析，在柜面业务量少的时候，安排一人办理柜面业务，其他人从事大堂经理或者客户经理岗位工作；在柜面业务量多的时候，安排双人或者三人临柜。

这种模式的最大价值，是在人数不变的情况下，将网点人员的时间最大化利用，避免了时间的浪费。而实行这种模式的最大挑战，并不在于这种模式不可行、风险大，而在于岗位转换的机制能否到位，以及传统的观念是否可以与时俱进地改变。

推行"双大堂经理制"

随着柜面业务的日益减少、自助机具业务量的增加，一个网点一个大堂经理很难忙得过来。对此，兰州农商银行推行了"双大堂经理制"。在一名大堂经理的基础上，增加了另一名大堂经理。

那么，增加的一名大堂经理从哪里来呢？就是将网点的一名员工转型为安全员，兼任大堂经理。兰州农商银行通过与有关部门沟通，并获得批准后，由兰州农商银行的员工兼职安保工作，担任安全员，而不是由过去的安保公司派遣安保人员，但员工担任安全员，需要持证上岗，接受安保公司的培训和检查。

许多企业都存在一个人力资源管理的难题，那就是年龄大但经验丰富的老同志如何用起来的问题。兰州农商银行的这种做法其实就是华为公司所倡导的"内部创业"的农金版本。将一些同志转移到安全员岗位，兼任大堂经理，既能够快速地学习安保知识，履行安保职责，也能够发挥余热，做好营销工作，将多年积累的客户资源利用起来并传承下去。

推行管理人员兼职模式

兰州农商银行明确，二级支行行长、副行长既是管理人员，也是客户经理，承担双重角色。管理人员职责更像是"专业教练"角色，客户经理职责更像是"运动员"角色。"教练"和"运动员"的目标是一致的，那就是业绩达成、任务完成，因此，两种角色并不冲突。

推行"科技替人"

所谓"科技替人"就是用技术的方式代替人工，将人员解放出来。

一是厅堂机具"替"人。甘肃省农信联社为各个网点配备了自助机具，配合其他渠道的建设，实现柜面业务替代率达到95%，这为柜面"减人"创造了有利条件。

二是科技系统"替"人。兰州农商银行建设了精细化管理平台等科技系统，将过去从事统计等工作的员工释放出来，保守估计也在150人以上。

以精细化管理平台的档案电子化模块为例，截至2024年8月，共上传信贷档案63661笔，查询使用近10万次，每天节省90%的人力成本，档案损失、破坏率降低99%，节省时间成本78%，减少人为管理成本60%。

通过上述的"五个推进"，兰州农商银行的零售转型，首先在客户经理人数上得到了基本保证，形成了"千军万马做零售"的人事布局，有效地发挥了本土银行的"地面部队"优势。

1.2　科技赋能

在"千军万马+金融科技"零售组织模式中，提升客户经理占比解决了"千军万马"的问题，如何让"千军万马"更有效地"打胜仗"，还需要为"千军万马"配备"装备"，帮助"千军万马"卸下"包袱"，这就需要"金融科技"发挥作用，为客户经理充分赋能。

检验科技赋能效果的标准是"人均管户"这个指标。兰州农商银行管户最多的客户经理，管户能够达到1100多户，可以充分说明科技赋能的真实水平。

下面，我们再通过一个场景还原，真切地感受一下这种科技赋能的具体应用。

合水路支行从"四千精神"到"玩转零售"

合水路支行钟行长在全行2024年"相约金秋"活动总结暨"决胜四季度"活动安排部署会上，分享了"四千精神"（走遍"千山万水"、吃尽"千辛万苦"、说尽"千言万语"、想尽"千方百计"），引起了许多人的共鸣。之所以可以引起共鸣，是因为她道出了大家的心声。在零售转型初期，兰州农商银行几乎是从零起步，手中无"枪"，心里没底。大家全靠着满腔热情和一身力气在"打仗"。

当时，兰州农商银行正在紧锣密鼓地推进各类"兵工厂"建设。各家支行主要依靠员工日常走访营销，与社区、街道等组织开展春节写春联、端午节包粽子等各种联建活动，以此尝试融入客户当中，并推动零售业务营销。但是，用的还是"笨办法"和"老做法"。在厅堂，主要抓好文明规范服务，争取用好的服务吸引客户留下来。在外拓中，主要做抵押类贷款，一年也做不了几笔，因为当时信用贷款主要针对公职人员和农户，而公职人员在其他银行低利率、高科技的加持下，几无胜算。

随着兰州农商银行"金城快贷"的上线运行，以及随后各种科技工具的配套到位，大家不仅精神头足了，而且更加自信了。合水路支行过去在每个营业窗口贴有个人微信二维码，并建了若干互动群。有了社群金融，就更加方便了，而且后来加了企业微信，还有AI客户经理当助手，以及各类优惠活动、各类权益配套等，都让工作人员与客户的沟通交流更加频繁了。

在沟通交流的过程中，合水路支行一方面将楼道管理员发展成为合伙人，并且"一个传一个"，形成了扩散效应；另一方面现场辅导大家办理"金城快贷"，线上流程响应也很快，10个月就放了1亿多元贷款。虽然工具增加了不少，但没有增加工作人员的负担，反而把工作量减了下来。

比如，"去走访"中的"四个点亮"，让工作人员可以非常清楚地了解自己网格范围内的客户情况，可以有针对性地安排工作和精准营销。

因此，不仅存贷款做得好，各种营销也都很好做。一方面是大家的关系都熟悉了，让客户增加"飞天E生活"、信用卡等业务，也不会引起他们的反感；另一方面，这些业务的办理方式也很简单，而且还有趣、有实惠，客户反而愿意和支行的人打交道。一环套一环，慢慢地就形成了客户黏性。

整个零售转型过程中，合水路支行从一开始发扬"四千精神"，到现在带着"玩"的乐趣去营销，其实是一脉相承的，零售转型给大家提供了展现自我的舞台。

通过这个案例，我们可以清晰地看到支行层面对总行研发出的工具的实际场景的运用。其中，科技系统、流程响应等方面，在大家营销积极性的基础上增添了"加速度"，让客户经理愿意干，而且干得自信、干得有劲。事实上，科技赋能不仅仅体现在上述的应用场景中，科技赋能已经渗透到兰州农商银行经营和管理的"每一个毛孔"当中。

我们也可以看出，兰州农商银行零售转型中的科技赋能，并非"就科技论科技"，而是很好地利用了已经投入的资源，比如人力、网点，由此，进一步降低了成本。由于科技提升了效率，进而保证了零售业务的效益。同时，通过"人+科技"的方式，尽可能地降低了风险概率。由此，在成本、效益、风险之间找到了一种平衡，有效地破除了同业中广泛存在的"不可能三角"①。

1.3　运营减负

运营工作是一家银行成功经营的关键，是指能够推动银行的高效运作，最终将产品输送到客户面前。在零售转型的过程中，兰州农商银行同步进行运营改革，通过推行运营管理的"加减乘除法"，减轻转型负担，推动更多的工作人员更有效率地服务客户。

"加"是增加运营管理措施

根据网点转型的需要和客户办理业务的需求变化，所有网点都布设了智能柜台，将柜面查询、开户的部分业务转移至智能柜台办理，原来20多分钟才能办完的个人客户开户业务，最多只需要几分钟即可完成，有效缩减了柜面业务办理时长，为网点引流、交叉营销创造了有利条件。

在此基础上，还增加了运营条线的沟通与辅导频次，特别是建立了运营管理部门与营业网点交叉跟班交流学习、风险分析例会、工作周报和条线考核四项机制，自上而下畅通了沟通渠道，确保了网点运营的规范与高效。

"减"是减轻基层负担

兰州农商银行将运营主管的职能重新设定，负责厅堂营销、柜面业务、日常运营等网点内部管理工作，统筹管理运营业务和任务指标等工作，职级则相当于网点副行长。因此，网点的内勤事务，基本是由运营主管这个"大管家"来"操持"，让支行行长、客户经理可以有时间、有

---

① "不可能三角"是指零售业务存在成本高、风险高的特征，通过零售业务效益很难有效化解，由此形成了"成本—风险—效益"三者之间的矛盾。

精力地去充分营销并服务客户。

同时，全面推行一人多岗制度，特别是配置1名综合柜员的网点，明确网点大堂经理、综合柜员互为AB角。同时，要求所有网点的大堂经理必须具备办理柜面业务的工作技能和业务知识，满足随时与综合柜员相互顶岗补位的条件。网点部分客户经理也要熟练掌握柜面业务操作，在特殊情况下，能够临时胜任综合柜员岗位。

"乘"是远程集中授权

2019年9月，兰州农商银行率先完成全省农信系统首家标杆运营授权中心建设工作。同年11月29日，全省运营授权管理系统在兰州农商银行完成了第四批网点上线工作，并对所有营业网点柜面授权业务全面上收。

通过远程集中授权管理，按业务类别形成了柜面统一操作标准化、规范化的流程，大大提升了运营效率，增强了客户的可信度和体验感。由此，也推动形成了新的客户服务闭环：营销让客户"进得来"，运营让业务"办得好"，最终实现了客户"留得住"。

"除"是去除冗余环节

按照总行统一安排的流程银行建设，运营条线瞄准"风险可控、运转高效"两大目标，再造运营流程，本着"能减则减"的原则，采取"双管齐下"的策略，去除各种形式性的冗余环节，并尽可能地由总行统一替代支行管理和办理共性事务。

一方面是进行运营组织改革。总行建立了现金清分中心，以此来解决基层支行现金清分工作量大、业务效率低、占用人力资源、调拨程序烦琐、假币残损币识别不准确、券别结构配备不合理等问题。设立了司法查冻扣业务专岗，将原营业网点处理的司法查询、冻结、扣划业务，由专岗人员统一对接处理，解决业务审核、标准不统一等问题。将反洗钱、反电诈、账户管理等工作交由运营管理部门集中管理，实行尽调任务统一派单、量化考核、挂价激励、客户风险等级评定和交易分析任务由总行专岗统一处理，不再由网点员工操作，大大减轻了网点员工的工作量。

另一方面是利用科技改进运营效能。将综合对账系统、智能风控系统、智甄宝反洗钱系统、数控平台系统、现金管理五个方面的数据进行优化整合；将运营系统数据与精细化管理平台打通，将相关数据传送至绩效考核系统，为考核工作提供精准的决策依据。

兰州农商银行还在甘肃省农信联社反洗钱系统的基础上，研发了"智甄宝反洗钱管理平台"。该平台在反洗钱数据治理、可疑交易分析、客户尽职调查、客户洗钱风险评级等核心工作模块上，通过科技赋能和流程改造，实现了全行反洗钱工作提质增效的目的。比如，在"可疑交易分析"模块中，通过分析客户的交易习惯、交易对手、交易信息等数据，多维度建立客户画像，可快速有效识别风险客户。

"熵增定律"[1]是每一个组织都会遇到的问题，随着时间的推移，组织内部会广泛地存在各种"叠床架屋"的现象。运营工作犹如兰州农商银行的"气血循环"，"熵增定律"会导致运转越来越重，效率越来越低，最终影响"组织健康"。大力度地运营减负，让兰州农商银行有效地对抗了熵增，让自身年轻了许多，活泼了许多，也轻快了许多，进而更有精力推动零售转型。

---

[1] "熵增定律"原为热学概念，后被引用到管理学中，意指企业在发展过程中会出现部门之间的内耗、业务流程的交叉、组织结构的臃肿、创新能力的下降、工作效率的降低等无序状态。

第 2 节
发动群众的秘密

如今的兰州农商银行，就像是一个"建筑工地"，虽然零售转型这项工程还没有"大楼封顶"，但是，抵挡不住大家热火朝天的干劲。可以说，全行上下被彻底地发动起来了，不仅认知一致，而且干得风生水起。

那么，是什么"秘密"促成了这种效果？主要是内部外部两个激励。内部激励方面，主要通过价值观重塑、内部循环机制建设和培育零售文化而实现；外部激励方面，主要是绩效管理（下一章专门介绍）。

2.1　重塑价值观

兰州农商银行的零售转型过程，本质上也是一次价值观重塑的过程。零售转型，本身就是一种正确的战略价值观。之所以说其正确，是因为其不仅符合国家对中小银行的定位，而且能让更多的员工参与其中。过去做大业务，只是少数人的事情，绝大部分员工没有参与的机会。现在，大家广泛参与零售转型，才真正感受到了价值感。这种价值感，才是核心的激励资源，才能"叩响每个人的心灵扳机"。

我们先来看一个真实的案例，感受一下这种价值观重塑的情况。

小雍的"支农岁月"

西固达川支行的小雍过去在一级支行从事综合岗工作，后被派到偏远的农区锻炼，兼任金融专管员，负责西固区达川镇管辖的5个行政村。这里共有常住户1247户，总人口3123人。

起初，她也是豪情万丈，信心满满。可是，经过近一个小时路程的颠簸，当她来到小山沟里时，内心产生了很大的落差。

到岗工作后，她面对的第一个客户，是一个比她父亲还大的"老爷们"，他计划申请2万元贷款。在下户调查的时候，她穿着工装、皮鞋，要坐"三马子"（三轮车）才能去，这让本有心理准备的她开始"破防"了，进一步感受到了农区与城区工作的巨大差距。

到了客户家中，这种落差又变成了一种反差。一方面是客户家中简陋的物质条件，另一方面是客户朴素真挚的热情。客户详细地讲了家里面的基本情况，也畅想着下一步的生活计划。客户黝黑的脸庞、明亮的双眼、质朴的情感，处处都流露出对美好生活的向往。

虽然她自己也是农民的孩子，但她上大学后已习惯了大城市的生活节奏，很难一下子再适应农村的生活。可是，看着农户那期望的眼神，她又感受到了自己工作的意义。

于是，她下定决心要融入大家，为他们做点事情。从此以后，她下乡再没有穿过工装、皮鞋，而是换上了运动鞋。在频繁走村入户的同时，她把1万元、2万元的贷款送到了农户手中。

别的支行营销的客户，贷款多是"10万+"的级别。但她认为，信贷的价值不一定在贷款额度上，而是在客户数量上。在她的"走访地图"上，密密麻麻地显示了她的行动轨迹，而且大多是在农户的空闲时间和她的下班时间专访的。

为了提升工作效率，不影响农户的正常劳作，她还找到了一种最有效的方法——清单式工作计划。即将每日重点工作、日常工作和特别工作逐一列明，逐条落实，让老百姓真切地感受到兰州农商银行的"速度"和"温度"。

农民赚钱不容易，但现在的电信诈骗很猖獗。最好的办法就是用通俗的语言教会大家一些基本的金融知识。因此，她在推进授信工作、激活社保卡的同时，广泛地给大家宣传反洗钱、反假币、反电信网络诈骗、防范养老领域金融诈骗、打击非法集资犯罪、保护金融消费者权益等金融知识。渐渐地，她也成为大家眼中的"金融专家"。

经过不懈努力，达川镇辖属的五个村评级授信建档率均达到100%。其中，三个村的用信率均达到60%，两个村的用信率分别为45.05%、46.25%。在新岗位工作半年多的时间，小雍累计投放各类贷款537笔，投放金额为7912万元。

小雍的这段"支农岁月"，让她褪去了浮华，找到了一个信贷工作者的价值。那么，这种价值是什么？是一种新的价值观。

老前辈总是说："干农村金融，要有情怀。"可是，情怀到底是什么？又好像没有固定的答案。小雍的故事表明，这个答案应该是一种信仰。信仰不一定是"高大上"的东西，反而是体现在日常行为当中的每一个细节。而支持这种持之以恒的力量，即是一种你坚信的理念，你相信你做的事情是对的、是有意义的。

所谓"心有所信，方能行远"，就是这个道理。在推进零售转型的过程中，兰州农商银行也重塑了全员的信仰，否则，很难解释为什么那么多人愿意参与其中，为什么每个人都甘愿默默付出。

那么，为什么零售转型需要重塑价值观呢？因为兰州农商银行厘清了以下四个底层逻辑。

改制逻辑

我国银行业经过数十年的发展，已经形成了一个健全的体系，不同的银行扮演着不同的角色。兰州农商银行虽然从过去的农信社改制成为商业银行，但是，商业化改制只是手段，"支农支小"才是最终目的。"支农支小"，光谈利益肯定是不行的，只有将"讲情怀"与"讲利益"统一起来，才能干好这个事情。

客户逻辑

零售业务的服务对象是C端客户，C端客户与对公客户的不同之处在于，C端客户具备感性和理性两个属性。所以既要有理性合作，也要感性相处，这就需要把"讲情怀"与"讲利益"结合起来。而且，兰州农商银行的零售转型，更多的是面向一些长尾客户。因此，单纯地算计商业利益，很难服务好这部分群体。只有义利兼顾、"义"字当先，才能做好这项服务。因此，"讲情怀"并不是喊口号，而是小银行零售转型的本质要求。

员工逻辑

零售转型，全员参战，人人都是英雄，只有岗位区别，没有贡献区分。比如，上述小雍的案例，总行通过科技后台统计，注意到了这种现象，提出了"功劳不大，不代表没有付出"的理念，为此，专门修改了考核办法，而且给她及同类情况的其他员工补发了相关费用。这并不是一个数学题，而是一种价值观。

竞争逻辑

正如前文所言，兰州农商银行是同业当中零售转型的"后进入者"，面对严峻的银行产品同质化竞争，很难取得绝对优势，只有另辟蹊径，才能找到一条差异化道路。兰州农商银行具有"点多面广人多"等特点，可以充分发挥这些优势，与客户谈感情、交朋友、常互动，以此来弥补其他方面的不足。

改制逻辑决定了"讲情怀"的必然性，客户逻辑决定了"讲情怀"的必要性，员工逻辑决定了"讲情怀"的必备性，竞争逻辑决定了"讲情怀"的现实性。因此，兰州农商银行的零售转型，表面看是从业务上回归本源；而从深处看，则是从精神上回归本源。

2.2　内部循环

"内部循环"这个词，很多人都不熟悉，原因是对兰州农商银行的用人体制不了解。和许多同业一样，由于各种原因，兰州农商银行无法像许多企业一样将不合格的员工淘汰掉。这就相当于将"一潭池水"的出水口给堵上了，慢慢地就容易变成"一潭死水"。

对此，兰州农商银行采取了内部循环的方式，通过多种方式，让干部员工都"动"起来，让"一潭池水"活泛起来。

干部能上能下

要让员工活泛起来，首先要让干部活泛起来。

2020年，兰州农商银行启动了第一次"三定"工作，其中，重点是推行干部竞聘工作。首先，是让所有干部"全体起立"，将岗位空出来；其次，所有干部重新竞聘，重点选拔对零售转型充分认同、干事创业精神饱满的干部，并且一次性提拔了36名干部。之后，指导一级支行采取同样的方式，选拔一级支行的部门和二级支行的管理干部。

在首次竞聘之后的数年，兰州农商银行总行再没有频繁地组织竞聘，而是通过充分考察的方式进行干部任命。为什么？原因就在于竞聘方式更适合用在关键时期，而且竞聘展现出来的，更多是一种表达能力，而不一定是实干能力。真正的实干能力，需要用长时期的考察才能验证。

干部"能上能下"的难点不在"能上"，而在"能下"。"能下"的依据不是领导决定的，而是交给机制决定，主要是以绩效考核结果为标准。兰州农商银行规定，对于一级支行，条线业务首个季度排名末尾的分管人员，要进行约谈；连续两个季度排名末尾的，要降低绩效系数；连续3个季度考核排名末尾的，实行退出机制。2021年至今，对不胜任岗位要求的6名中层副职予以免职，对全辖83%的营业网点负责人进行了更换。

在干部"能上能下"的过程中，兰州农商银行的一个突出特点是"重上轻下"。

"重上"是以业绩指标和群众测评为基础，将"业绩强""人脉广""能带队伍"的干部选拔上来，而且按照甘肃省农信联社"更加注重从经过基层一线实践锻炼的员工中发现优秀年轻干部，坚持把各个岗位'挑大梁'的工作骨干作为重点培养对象，特别是注重在改革发展化险主战场和重大斗争重大任务一线考察识别干部"的精神落到实处。

"轻下"并不是怕得罪人，而是基于两点慎重考量。第一，是保持干部队伍的稳定性。干部队伍是兰州农商银行投入大量精力和资源培养出来的宝贵财富，他们是兰州农商银行的中流砥柱。每个干部都有"几把刷子"，在这个岗位干不好，不代表在其他岗位也干不好，因此，首要的是想办法把干部用好，把经验传承下去。第二，是干部的可塑性。人有问题往往与环境有极大关系，改造环境最好的办法是用机制来改进。因此，干部免职是"果"，是不得已才做出的决定，关键在于环境改造的"因"，通过机制重建来重塑干部干事创业、风清气正的氛围。

双向选择

所谓"双向选择"就是干部选择员工、员工选择干部，互相选择。这种方式起源于在转型初期，为了鼓励机关人员"下基层"，让机关人员和支行行长进行互选。慢慢地，这种方式变成了一种管理惯例，行长与员工都可以自己选择，总行尽可能满足各自的需求。

双向选择的做法并不难，难在管理理念的转变。这种选择背后的逻辑是平等与尊重。

上挂下派和跟班学习

所谓"上挂下派"，就是总行安排部门副总到一级支行实践锻炼，安排一级支行副职到总行部门学习提升。所谓"跟班学习"，是由一级支行推荐工作人员到总行相关部门跟班，并学习相关专业领域的知识。

这两种方式的共同特点就是互换角色。互换角色的目的是促进相互理解，总行人员到支行，可以更加了解一线运作的实际情况，便于优化相关管理制度；而从支行到总行，可以拓宽基层人员的工作视野，使他们更加全面地看待本职工作。在这样的交流对调过程中，最终可实现人才梯队建设的目标。

"双通道"成长机制

过去，员工想要进步，只有职务提拔这一条通道。新的机制下，员工不仅可以"走"职务提拔通道，还可以"走"专业技术类员工职级序列。

专业技术类序列包括专业、营销、操作和支持等类型，其中，操作序列内又细分为柜面操作、运营操作及工勤操作等子序列，基本覆盖了全行所有员工岗位。各个序列都有相应要求，收入待遇也都对应相应的职务。

"双通道"成长机制相当于给每个员工提供了实现"小目标"的机会。职务提拔，一是岗位少，二是目标大，三是周期长。因此，员工容易失去进步的动力。而每一个专业技术序列的进阶，则是"跳一跳就能摘到桃子"的目标，可以做到过程激励，通过"积跬步"以"至千里"。

现在的员工对物质的追求没有老一辈那样强烈，但对于价值的追求反而更强烈。因此，这种机制更能激发员工做好工作的内生动力，实现序时激励的效果。

以上四种方式，是兰州农商银行促进人力资源内部循环的代表做法。事实上，兰州农商银行还有许多可圈可点的内部循环的做法。这些做法就像将一颗又一颗"石子"投入水中，形成了"涟漪效应"①，促进了人力资源的不断激活，进而积淀出了特有的零售转型文化。

2.3　"新文化运动"

兰州农商银行的零售转型文化，不是某个领导在办公室里想出来的，而是在零售转型的实践中干出来的。"干"的背后，是基于新的价值观所建立的各类新机制的综合作用。但在"干"的过程中，却逐步形成了新的思想氛围和精神力量，由此，升级成一场"新文化运动"。

总体来看，这场"新文化运动"，可以用四句话来概括：耐得住寂寞、顶得住压力、找得到方法、保得住激情，也可以称之为"'四得'零售文化"。

耐得住寂寞

"耐得住寂寞"的核心是忍受得了别人的不理解，甚至是质疑，认准方向，一直干下去。从收入角度来看，兰州农商银行的领导班子收入并不高，有的领导是从其他银行调过来的，收入比之前降低了不少，有的领导收入还不如支行领导收入高。那么，这些领导为什么还要干？因为每个人心中都有一种叫作使命感的东西在驱动，他们坚信这条路是对的，他们在这条路上的收获并不仅仅是用收入来衡量的。

员工也是一样，过去可能是"躺着赚钱"，现在是"跑着赚钱"，反

---

① "涟漪效应"是指一个动作或者一个机制带来的连锁反应，犹如一个石子投入平静的水面，会泛起层层涟漪，逐渐扩散并影响周围变化。

而后者干得更卖力。他们中的不少老同志干了一辈子，本该到了"躺平"的年龄，静等退休，但是，仍然愿意冲在第一线。

红古花庄支行50岁的员工老李转岗到安全员后，一方面把支行前前后后、里里外外的安全事项打理得井井有条，另一方面在大堂里忙前忙后，不亦乐乎，还和大家分组外拓走访，大家都说他"干得那叫一个起劲"。

他们中也有一些刚入职的年轻人，在家里，他们是父母眼中的宝贝，在社会，他们头顶着大学生的光环，但融入兰州农商银行这个大家庭后，就放下了浮躁的心态，变为淳朴的奋斗者。这就是兰州农商银行文化的力量，用一种直入心的东西，牵引着员工不断前行，用一种无形的氛围，重塑着员工的思想境界。

顶得住压力

"顶得住压力"的核心是坚信"慢的就是快的"的理念，用一颗虔诚之心去"求取真经"。在这条路上，最大的压力是领导班子在扛。他们头悬"三座大山"，脚踩欲望的"万丈深渊"，并在指标压力、规模考核、不良贷款降压、各种检查、各类协调等纷繁复杂的局面中，用心中的"微光"带领全员坚定地走在转型的路上。

如果说领导者的压力来自精神层面，那么，员工的压力则体现在指标和能力方面。指标方面，用小业务完成大指标，没有捷径可走，就是不停地跑、不住地干。能力方面，过去，大多数人是坐在办公室干工作、坐在柜台前办业务，现在要"走出去""沉下去"，风尘仆仆自不必说，角色转换并非那么容易。

安宁支行营业部的客户经理小王，瘦瘦的身材里蕴藏着大大的能量。在兼任大堂经理的过程中，她深刻地感受到，银行人天然认为客户知道的金融知识，其实客户并不是很理解，更不懂背后的经济原理。她主动换位思考，收集了大量的各类政策和金融信息，从客户的角度找到他们希望了解的内容，并用客户能够听懂的方式与他们交流。比如LPR利率是什么意思？50万元的房贷可以每个月少还多少钱？等等。可见，这是一种工作动力，也是一种价值的体现。

找得到方法

"找得到方法"的核心是机制出人才。兰州农商银行将每一名员工当作人才来对待，信奉"没有没本事的员工，只有没本事的领导"的信条。领导的"本事"就是建机制、搭平台，让人才不断地涌现出来，让人才的智慧不断地生发出来。

在兰州农商银行的精细化管理平台中，专门有一个沟通流程，类似华为公司的"心声社区"，员工可以在上面自由发言，随便"吐槽"，可以署名，可以匿名。该管理平台设立的目的就是听取大家不同的声音，尤其是各类抱怨，并尽可能地创造条件去解决。

兰州农商银行还会定期组织各种形式的活动，号召员工积极参与，可以谈全行大事，也可以谈身边小事，只要是主动思考的有益建议，该行都会采纳，而且还会评奖。

2024年末，兰州农商银行组织了一场主题为"看清大势、做好小事"的内部金融论坛，列出4类41项提纲，都是紧密关联全行经营管理和员工工作实际的命题，基本涵盖了经营和管理的各个方面，比如，"如何更好地发挥金融专管员的作用？"等。论坛总共有100多名员工参与建议，10多名员工现场演讲，并请专家学者做了现场点评，充分调动了员工关心大势、做好小事、相互学习、努力钻研的工作积极性。

总行侧重机制建设，支行则侧重调动员工积极性。实践证明，群众的眼睛是雪亮的，群众的创造力也是无穷的。零售业务就有这样的魔力，只要坚持干，办法总比困难多。这些办法的"火花"并不是"天才的杰作"，而是诞生在员工日常工作的感知当中，这种感知是每个员工心中不可言说的智慧。这样的智慧，在兰州农商银行可以说是比比皆是。下面，我们来看一个具体的案例。

鲁行长的"笨办法"

兰州市西固区福利西路支行的鲁行长之前是西固支行的网点运营主管，不善言辞，但是很负责、很操心。刚开始，一级支行安排他到二级支行锻炼，一直从事内勤工作的他，没有什么客户积累，而且他是在过去全行各项指标名列前茅的支行担当重任，这次来到新的工作岗位，他心里"很没底"。

但是，他做事情有个特点，就是"咬定青山不放松"。到二级支行工作特别是担任支行行长以后，他慢慢地感受到，做银行营销和其他营销不一样，需要和客户慢慢"处"，在客户信任的基础上获得的营销效果会更好。一开始，他也没什么好的办法，就是给员工做好服务，对每一位客户以诚相待。

支行旁边有一个工地，他看到工人们很辛苦，喝口热水也不容易，他就天天送水。工头很受感动，慢慢地，他们就成了朋友，工头不仅自己办理了许多业务，还介绍了许多客户，让鲁行长一人就完成了全支行的信用卡任务。

这位工头介绍的一个客户，是做餐饮业的，在当地小有名气。鲁行长又在这位餐饮业客户的引荐下，进入了餐饮圈。仅某连锁餐饮的码牌，就有三四千万元的活期存款。有了社群金融之后，鲁行长把这些餐饮机构的活动引入客户当中，相当于给这些餐饮业带去了许多客户，逐步占据了知名餐饮的一大半市场，硬是整出一个兰州农商银行的"美团模式"。

一个人成功，个人是英雄；一群人成功，群体是英雄。鲁行长带团队，不仅率先垂范，也注重发挥新老同志各自的优势。他会早早地给员工做早餐，营造出家的氛围，把大家的心聚拢在一起。他利用晨会时间安排全天工作，也会晚上一起提炼总结全天的工作，就是这么一点一点地干，让大家感动的同时，成长也很快。以至于一个客户经理在被提拔后，婚假未到期，就提前结束休假，回岗工作。因为鲁行长给他树立了最好的榜样。

历史上，曾国藩对抗太平军，用的方法是"结硬寨、打呆仗"，一点点蚕食地盘，扩大优势。鲁行长的这种"笨办法"，其实也是一样的原理。事实证明，"笨办法"并不笨，反而很有效。

保得住激情

"保得住激情"的核心是坚持。零售转型其实并不难，如果说难，难在坚持。干一年两年，激情似火，是容易的，能够始终保持这种激情是很难的。怎么保持这种激情？兰州农商银行的办法也比较简单，就是"零售转型，月月讲、天天催"。

总行领导在每一次会议上，都会将会议精神联系到零售转型，总行各个部门的文件，也会围绕着零售转型来制定与传达。总行特别重视宣传思想文化工作，采取各种方式营造良好的零售转型舆论氛围，党委办公室在官方微信和内部网站上专门开辟了"榜样力量""基层一线"等栏目，讲好零售转型中奋斗者的故事，分享先进典型的做法。

支行则利用"经常在一起"的优势，利用会议、党建活动、工作餐等各种机会做好常态化沟通，做好每个员工的思想工作，注重从每一件小事情的解决上，增强大家不断前进的信心。

红古支行营业部的老牟工作了20年，当了12年的客户经理，现管户贷款506笔，金额为1.71亿元。面对这么多贷户，他的办法是用"精细化工单"方式，每天规划好时间，上午在办公室做什么，给哪些人打电话，一件一件地销号处理。下午时间，则是按照自己的工单，外出上门催收、尽调贷款或者做网格化营销。相比于年轻员工，他的年龄不占优势，学习上会慢一些，但他不甘落后，他总说："脑子记不住就本子上记，最主要的是多干，干得多了自然就会了。"总行推行网格化的时候，他还是不太理解的，因为他的大脑就是当地的"活地图"。在行长的"督促"下，他开始按照"规定动作"去走访，真切地感受到"知道了"和"走访了"还是不一样。走近每个商户，他的办法是"三步走"：先是"唠家常"，接着"说来意"，最后是"留名片"。1个月下来，老牟成功营销商易贷6笔，金额为190万元。就是在这样日复一日的坚持中，他不仅取得了丝毫不输于年轻员工的业绩，而且成为全行的先进代表。

兰州农商银行的"'四得'零售文化"，核心是让每个人从心底认同零售转型。真心喜欢，方得始终。正如美国企业文化专家弗朗西斯讲的："你能用钱买到一个人的时间，你能用钱买到劳动，但你不能用钱买到热情，你不能用钱买到主动，你不能用钱买到一个人对事业的追求。而这一切，都可以通过企业文化争取到。"

第6章
装上"转型发动机"

激活人力资源，除了通过企业文化的内在激励，还要通过绩效考核的外在激励。相比于内在激励，外在激励的持久性相对较弱，但及时性很强，这非常符合兰州农商银行零售转型初期的需要。

转型伊始，兰州农商银行除了"人"，可以说什么条件都不具备。因此，主要围绕"人"的激励来做文章。激励人首先要尊重人，而尊重的第一步是尊重每个人对利益的合理诉求，尤其是一线员工的合理诉求。因此，兰州农商银行将绩效考核的总原则确定为"以岗定薪、按绩取酬、突出业绩、倾斜基层"，这就好比是给基层和员工装上了"转型发动机"，驱动着更多的人加入转型行列，驱动着更多的人"去打仗""打硬仗""打胜仗"，进而推动零售转型艰难起步。可以说，绩效考核为兰州农商银行的零售转型立了"头功"。

随着零售转型渐入佳境，绩效考核始终贯穿其中，逐步地定型为绩效管理模式。从"考核"到"管理"，两字之差，却标志着绩效功能发生了质的飞跃，不仅仅是"发动机"，也不仅仅发挥外在激励作用，而是内化成了每个人的内驱力，逐步形成"检验成效、相互看齐、统一方向、凝心聚力"的绩效文化。

在推进绩效管理的过程中，兰州农商银行主要经历了绩效管理1.0和绩效管理2.0两个阶段。两个阶段的任务重点不同，但经验互通、原理相承，构建起了绩效管理的规范体系（见图11）。

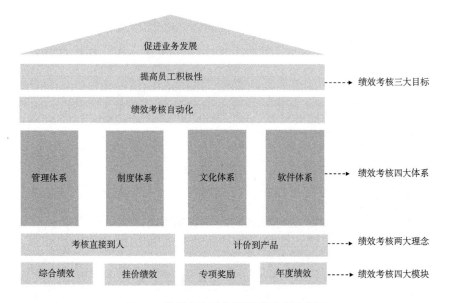

图11 兰州农商银行绩效管理体系简图

这一体系中，基于综合绩效、挂价绩效、专项奖励、年度绩效的绩效考核四大模块，秉持"考核直接到人""计价到产品"两大理念，构建起以制度体系为中心，以管理体系、文化体系、软件体系为落地抓手的绩效考核四大体系，最终实现了绩效考核自动化、提高员工积极性、促进业务发展的三大目标。

这种管理模式，源于兰州农商银行新的绩效理念：辛苦是一种财富，但只是一种没办法的财富。真正的财富，是有认知的辛苦、有效率的辛苦、有效果的辛苦。可见,这种绩效理念与华为公司倡导的"不让雷锋吃亏"的理念是相通的。而这种理念更深层次的逻辑则是,影响绩效的客观环境要素远远大于个人主观要素,当激励环境建设好了,身处其中的每一个人都是人才。

第1节
绩效1.0:四年三个台阶

兰州农商银行真正意义上的绩效考核是从2019年底开始的,而且几乎是从零起步的。虽然之前也有绩效考核,但是,存在缺乏顶层设计、缺乏持续优化、缺乏有效支撑、缺乏基础保障等"四个缺乏"问题,导致大部分员工停留在"等绩效、等奖励""吃大锅饭"的阶段。可以说,之前的绩效考核还处于比较粗放的状态。

零售转型战略目标确定之后,新领导班子首先抓的就是绩效考核,并采用了系统化方法,确定了"一年补短板,两年强基础,三年上轨道"的绩效考核战略规划,为绩效考核改革描绘出了清晰的路线图。

1.1 补短板

作为甘肃省农信系统绩效考核改革工作试点单位,兰州农商银行的绩效考核改革工作启动于2019年底,但真正的建设期是2020年。这一年初,正处于疫情防控期间,不方便外出,却恰好给绩效考核方案的完善创造了机会。该行通宵达旦,加班加点,构建起了管理团队、基础框架、制度体系、考核系统，实现了绩效考核从"无"到"有"的破局。

管理团队

实行"一把手"负责制，专门成立了考核办公室，形成了"一纵一横"的绩效管理组织体系。

"横向"方面，由考核办公室统筹绩效考核管理工作，围绕总体战略设计考核框架，协调各个业务部门参与其中，确保考核体系能够全面覆盖各项业务。

"纵向"方面，建立从总行到支行的绩效考核专管员机制，确保考核政策精准落地执行。

基础框架

初步搭建起以综合绩效为统领、以挂价绩效为提升、以专项奖励为补充的多元化考核体系框架。

"综合绩效"从多个维度对机构和员工进行全面考核评价，实行按月预发、季度清算的考核机制，增强了考核的时效性和激励性。

"挂价绩效"遵循"谁营销、谁受益"的原则，对员工营销的每一项产品进行明码标价，直接由总行垂直考核到人。此阶段因考核系统暂未上线运行，依靠手工核算按季兑付，但仍对员工营销起到了较好的激励和导向作用。

"专项奖励"通过"开门红"等竞赛活动进行短期激励，实现了特定时期内重点业务的快速增长和短板业务的有效提升。

制度体系

在充分调研、多方座谈、指标测算、挂价论证等大量工作的基础上，初步建立起了"总行—支行—网点"三个层级的考核制度体系。

总行职能部门与支行内设部门按前、中、后台分类考核，充分发挥前台创业绩、中台控风险、后台保服务的职能。

对支行依照规模类、质量类、营收类等指标体系，制定支行等级评定方案，将当时的13家一级支行分为A、B、C三类考核，支行班子实行竞包制考核，与支行考核结果直接挂钩。对营业网点，根据网点定位、规模指标、人均指标等进行等级评定，将100多家营业网点分为5个等级，每个等级分别对应不同系数，由总行直接考核。

考核系统

2020年是系统需求梳理和开发测试阶段，主要以搭建软硬件环境、清分数据、开发数据接口为主，对全行所有机构、岗位、产品的后台程序及前端功能进行设计开发工作。

同时，对各岗位、产品的考核方案进行系统配置，并对相关配置、参数、数据等进行进一步校验，以保证后期绩效工资的准确性。

当年11月，完成绩效考核系统软硬件环境的搭建、部署及数据下发平台的开发。12月9日，数据下发平台按计划正式上线试运行。

通过一年的建设，全新的绩效考核体系框架基本建立，激励成效初步显现，突出的体现是，告别了"平均主义"，打破了"大锅饭"，犹如推行家庭联产承包责任制的效果，员工的积极性和主动性得到全面调动和激发。

1.2 强基础

如果说2020年是建设期，主要任务是"补短板"，那么，2021年就是磨合期，主要任务就是"强基础"。这一年，兰州农商银行重点对已初步成形的考核体系进行优化完善，并逐步形成了良好的绩效文化氛围。

优化管理体系

兰州农商银行建立起了营业网点绩效专管员团队，管理体系由"一纵一横"升级为"一纵两横"，网点绩效专管员由运营主管兼任，负责网点绩效考核的日常运营工作。打通了绩效考核的"最后一公里"，使总行党委的决策意图能够切实贯彻到每一位基层员工。

优化制度体系

根据前期考核实践中反馈出的问题，如考核指标权重设置不合理等，对考核制度进行优化完善，按照常规考核体系、专项考核体系、运营支撑体系等类别，相继出台了20余项考核制度办法，形成了一整套覆盖各层级、各岗位的行之有效的考核制度，实现全面考核到人到岗。

总行职能部门实施"3K"考核（KPI关键业绩指标考核、KOI关键任务指标考核、KBI关键行为指标考核），并引入战略绩效管理。通过战略分解，将全行战略目标细化分解至总行各个职能部门，将战略目标落地与总行职能部门KPI、KOI考核挂钩，再将具体工作进行量化，部门职责及目标更加清晰，有效解决了全年重点工作谁制定、谁考核、如何量化等问题。

支行层面，进一步优化指标体系，根据战略目标对14项考核指标及权重进行优化调整，将党建工作纳入考核指标，促进党建与业务深度融合。

员工层面，以岗位职责为依据，将全行人员对应划分为19类岗位，综合考核与所在机构考核得分、个人履职考核得分挂钩，根据岗位职责设置不同占比的考核权重。同时，对员工设置学习积分指标，关注员工学习与成长。在整体规划上，营销岗位人员突出挂价绩效占比，确保绩效薪酬整体向基层一线倾斜。

优化考核系统

2021年3月，绩效考核系统正式上线运行，标志着绩效考核工作迈向数字化、自动化阶段。由此，大大提高了考核的效率和准确性，为精准评估员工绩效提供了有力的技术支持。从首次使用绩效系统兑付工资，

到全面打造升级为涵盖方案中心、绩效考核、决策中心、运维中心四大
应用中心的"绩效管理平台",具备了业绩管理、工资查询、数据展示、
业绩审批等功能,系统功能和行员体验度大大提升,平台月均登录达778
人次。

随着考核的逐步深入,大家的关注度、参与度大大增强,在不断
"碰撞"中逐步形成了考核文化。在考核运营管理上,建立了"绩效分析
会"与"员工座谈会"的"两会机制",帮助员工深度理解绩效变革。

"绩效分析会"是阶段性绩效管理复盘的形式,内容包括绩效兑现分
析、绩效差距分析、绩效与业务关联性分析等,为制度调整、业务提升
和员工行为方式改进提供了依据和建议。

"员工座谈会"是基层员工进行绩效沟通的"桥梁",会议上充分听
取员工意见,交流心得,安排标杆网点和个人分享经验,形成看齐标杆、
对标学习的氛围。

这一年,精细化绩效考核体系初步形成,激励效应明显增强。一级
支行负责人之间的绩效收入差距达到3.1倍,并且普遍高于总行部门负责
人的收入。二级支行负责人之间、客户经理之间、综合柜员之间的绩效
收入差距均超过10万元,让"能干、想干、多干"的员工多拿到了绩效
收入。同岗位之间的收入差距拉大,切实体现了"能者多劳、多劳多得、
优劳优酬"的激励目标。

1.3 上轨道

经过两年的探索实践,兰州农商银行的绩效考核逐步进入成熟期。
2022年以来,对四大体系继续强化,通过区分综合、挂价、专项、年度
四大考核模块,将"考核应接到人""计价到产品"两大理念切实落地,
能够根据内外部变化,动态灵活地调整考核指标体系和权重分配。同时,

将考核结果充分应用于员工职业发展规划、"评先选优"等方面，从更多维度驱动各层级人员从"要我干"迈向"我要干"。

考核系统移动化

全行实行"统一考核、集中兑付"，绩效考核专管员队伍已经可以"挑起大梁"。考核系统将新零售平台、网金业务、客户拓展、中间业务等数据接入考核系统，30余项指标实现了系统自动取数。

同时，考核系统与手机端"金城随手办"完成对接，员工业绩绩效可"T+1"在手机端展示，员工可随时随地查看前一天的业绩及增量绩效，实现了考核系统移动化。

考核制度联动化

总行制定了结对共建考核机制，将总行职能部门考核得分与一级支行经营计划完成情况相挂钩，督促职能部门积极履行业务服务职能，配合支行开展业务营销。

考核规则精细化

对重点岗位考核规则进行优化，对支行班子、前台部门经理、网点负责人绩效实行目标责任制考核，不再区分绩效模块，全年绩效与经营计划完成情况挂钩，支行前台部门经理、网点负责人绩效同时与所在部门或网点员工的平均绩效挂钩，激励各机构管理人员当好"营销带头人"的同时，不断提升其管理能力，带领员工提高营销业绩和绩效收入。

客户经理是营销"主力军"，为了让每个客户经理树立起"绩效是挣来的，而不是分来的"的营销意识，制定了专门的考核办法，取消了综合绩效考核，绩效薪酬完全按照业务营销挂价考核兑付。

为激励更多"有能力""想干事"的员工加入客户经理队伍，制定了转岗"保护期"政策，给予新转岗为客户经理的员工6个月的保护期，保护期内对贷款挂价绩效设置保护线，低于保护线的按照当年核定的保护挂价标准发放,高于保护线的按照实际贷款挂价绩效发放。

产品营销挂价占比也在不断提高,挂价绩效在整体薪酬规划中的占比逐步增加至50%以上,采用"垂直考核+二次分配"的方式,挂价产品增加至50多项,并根据经营导向与业务发展需求,适时调整挂价标准。

以客户经理贷款挂价为例,2023年,对贷款投放、贷款利息收入以及贷款管户进行挂价考核,对新增反弹的不良贷款、应收未收的利息严格进行扣罚,充分激发客户经理营销积极性,促使其更加注重贷款质量。

2024年,进一步完善贷款挂价体系,取消了利息收入挂价,对贷款规模区分存量、增量,按年日均挂价,同步对贷款营销、投放以及管户进行挂价,实现了贷款业务从发放到回收的全流程挂价考核。

成果应用纵深化

考核成果的应用不仅用于绩效兑现,而且应不断地扩大应用范围。根据连续季度考核排名,给予支行副职、网点负责人末位退出、绩效系数降级、领导约谈等处罚。

同时,对总行职能部门、支行内设部门员工考核打分,实行强制分布,根据员工工作业绩,在部门内部进行绩效优劣的有效区分,持续提升部门工作效率。

经过四年的不断探索,兰州农商银行绩效管理跃上了三个台阶,走过了一段从无到有、从有到优的历程,实现了全然蜕变。

第2节
绩效2.0：一年三个转变

进入2024年，兰州农商银行零售转型在继续追求"量"的同时，也开始注重"质"的提升，开始深入挖掘考核数据背后隐藏的业务趋势、客户行为特征及员工绩效变现规律，为管理者制定决策提供了强有力的数据支撑。

虽然这种转型速度相较于许多银行慢了许多，但这却非常符合兰州农商银行的实际。配合这种调整，该行的绩效考核也从"1.0时代"过渡到了"2.0时代"，并通过一年时间，实现了"三个转变"。

2.1 从"规模考核"到"利润考核"

绩效考核1.0时代，总体处于零售转型的强基固本阶段，需要一定的规模做支撑。因此，重点执行规模考核，以此来激励扩张性营销。但是这样的话，利润常被"薄利多销"，甚至被"赔本赚吆喝"的局面所困扰，长此以往，难以为继。

一方面，以往的经营计划以存贷款等规模类指标为主，因为缺乏工具和方法，导致利润指标得不到有效考核。各支行为了完成规模指标，会习惯性地发放低利率贷款、营销高成本存款，导致全行经营效益得不到提升。

另一方面，利润无法考核到人，员工为了多挣挂价、多完成任务，普遍会不计成本地营销业务，总是习惯于打"价格战"，简单地认为总行制定的存款利率偏低、贷款利率偏高，不清楚每笔业务所能创造的利润价值，缺乏成本意识。

基于以上两个方面的非正常现象，兰州农商银行确定了从"规模考核"向"利润考核"转变的考核导向，通过引入模拟利润考核制度，循序渐进地向现代化绩效管理体系转变。

新的模拟利润考核制度采用的是基于内部资金转移定价（FTP）的方式，在现有财务会计核算的基础上，实行全面的成本管理，通过强化成本预算、核算及控制管理，将存贷款业务按差异化定价，模拟计算出可比性的利润。

存款模拟利润

存款模拟利润的FTP价格体现的是收购价、收益价的概念，以存款综合付息率为基础，结合存款业务费用分摊比例，并参照外部资金市场利率（Shibor）与期限成本进行相应调整后确定，根据存款品种、存款期限设置不同的FTP价格，引导员工营销低成本存款。

贷款模拟利润

贷款模拟利润的FTP价格体现的是成本价的概念，以存款FTP价格为基础，结合风险准备金提取比例、资产业务分摊费用比例，以及贷款种类、期限、政策导向等因素综合调整后确定，以此引导客户经理树立成本与收益意识。同时，将贷款减值损失作为模拟利润扣减项，根据五级分类计提，引导客户经理重视贷款质量。

模拟利润考核

在考核上，模拟利润主要应用于综合绩效考核与挂价绩效考核，综合绩效考核到支行与网点，挂价绩效对存量、增量存贷款业绩模拟利润进行计价考核，并通过模拟利润配置营销费用。

可以看出，新的考核模式是"量""质"同考。考核"量"，是因为兰州农商银行的零售业务客户数量、贷款投放量等规模性指标比过去增加了不少，但还需要持续增加。考核"质"，直接原因是盈利所需，间接原因是引导客户经理增强大局意识和营销能力。

兰州农商银行领导者的一席话或可为此提供注脚："拿着高成本存款、低成本贷款去营销，值得肯定，但不是本事，真正的本事是价格不如别的银行，但客户还是愿意选择我们。"

2.2　从"账户管理"到"客户经营"

随着零售转型的不断深入，全行上下真切地体会到了"以客户为中心"的核心要义，"客户是衣食父母"的理念深入人心。但是，光有理念和意识是不行的，还需要用机制去保障，才能真正落到实处。

正如前文所讲，兰州农商银行始终追求客户的忠诚价值，通过延长客户生命周期、提供产品组合等形成稳定的关系。这种追求的背后，是兰州农商银行所建立起来的以客户为中心的业绩考核模式。

存款考核

对绩效考核系统中所有存款业绩添加"自营业绩"或"非自营业绩"标识，建立客户存款业绩关系。针对跨机构开户的客户，制定了存量业绩及新增业绩的分配规则，明确主维护人和辅维护人，通过存款业绩分配认领，提高员工认领业绩的比例，让每位客户都有固定的客户经理维护管理，并与客户经理自身业绩挂钩。相较于以往以账户为单位的认领模式，新的模式能够有效解决内部重复营销、"挖墙脚"现象造成的绩效资源浪费等问题。

贷款考核

对存量贷款业绩重新进行认领分配，按照贷款形态、单户余额设定管户业绩认领规则，明确支行班子、支行业务部门管理人员、网点管理人员与主辅管户客户经理业绩分配比例，依靠考核系统和精细化平台的信贷全流程管理功能，对贷款调查、审查审批、发放、管理及清收进行全面考核计价，实现贷前、贷中、贷后的全流程管理。

通过新的业绩考核模式，兰州农商银行引导全员逐步从"账户管理"过渡到"客户经营"。"账户管理"更多的还是从银行自身角度出发的对客关系，而"客户经营"则是双方互动的关系。这一过程中，绩效考核发挥了重要的穿针引线作用。

2.3 从"利益共同体"到"命运共同体"

"不谋万世者，不足以谋一时。"兰州农商银行的绩效考核既在"谋一时"，也在"谋万世"。只不过是根据现实所需，不同阶段的侧重点不同而已。

随着转型逐步进入稳态，绩效考核变成一种共识，兰州农商银行也有意识地将考核的视野拉长，推动从"利益共同体"到"命运共同体"的转变。

利益共同体

绩效考核1.0时代，可以称之为"利益共同体"阶段。彼时，绩效考核的激励作用主要基于员工的业务成果，员工通过完成既定的工作任务来获得相应的报酬和奖励，更多关注自身的经济利益，工作动力很大程度上来源于物质回报，更倾向于获取短期利益，缺乏清晰的职业规划。

命运共同体

进入绩效考核2.0时代，通过模拟利润考核、全面的客户管理，员工开始从整体利益着眼，将个人绩效融入客户服务、融入全行高质量发展大局，与客户、全行结成了"命运共同体"。这不仅让员工保持了过去的工作积极性，而且增强了他们的归属感和自豪感。同时，该行将这种精神状态传递给了客户，客户的体验感也明显增强。进而，这一举措重塑了兰州农商银行的品牌形象，提升了其市场竞争力。

一方面，员工从追逐短期经济利益转变为关注自身的职业发展。绩效考核能够全面评估员工的工作能力，能够帮助员工清晰认识自己的优势，促使员工主动规划成长路径，从"要我发展"转变为"我要发展"。主要体现为由非营销岗转向营销岗，再由营销岗转向管理岗等。

比如，在考核中，有营销业绩突出、客户拓展能力强的综合柜员，会主动申请转岗为客户经理。当客户经理业绩突出、经验积累丰富时，就会积极参与管理岗位的选拔，提升自我价值。

另一方面，员工从单纯关注个人利益转变为关注团队利益。以"客户为中心"的管理模式，促使银行更加注重客户服务，而模拟利润考核则要求员工关注成本效益，在保证客户服务质量的前提下，合理控制服务成本，精准推荐金融产品。

这就要求员工不断创新服务方式，通过岗位协作来为客户提供及时、专业的金融服务，在为客户创造价值的基础上实现集体利益的最大化。

"共同体"概念是近年来比较流行的一个概念，这对于"家文化"特征显著的兰州农商银行来说是非常适配的。绩效考核不仅激发人的行为，还激励人奋斗的斗志，这些行为和精神的归属点正是兰州农商银行这个"大家庭"。因此，单位成就了个人，个人也助推了单位。

有人讲,真正的管理者都是人性管理大师。这一点,在兰州农商银行得到了很好的体现。在兰州农商银行零售转型的过程中,始终贯穿的一条主线就是绩效考核。绩效考核不仅立了"头功",而且跟随转型的步伐不断地持续演进。绩效考核,表面上是利益,背后是人性;短期是业绩,长期是成长。而更深一层,则是对每个人追求利益需求的尊重,但绩效考核的内涵远非利益这么简单。就像建造一座建筑物一样,利益是基础,没有基础就成了空中楼阁。而这种基础,还会引领文化导向。可见,绩效考核不仅助推了兰州农商银行零售转型的顺利启航,也将助力兰州农商银行零售转型的扬帆远航。

第7章
管理，向前一步

随着利率不断下行，中小银行的创利水平受到严峻挑战。在大力推进零售贷款投放的同时，兰州农商银行按照"向管理要效益"的理念，全面提升精细化管理能力，以期实现"降本增效"和"放大经营成果"的双重目标。

为实现精细化管理，兰州农商银行采取了"两手抓"的策略：一手抓理念更新下的职能转变，一手抓科技支撑下的平台搭建。

职能转变主要是应用了管理属性理论。管理属性理论认为：管理具有双重属性，一是激励，二是管控，激励是目的，管控是手段，但管控经常会代替激励。为了避免"目的"与"手段"的混淆，兰州农商银行提出了一个新的理念——"管理，向前一步"。这是一种通俗化的表述，分解开来，可以解读为三重含义。

第一重含义是在思想上树立"零售转型没有局外人"的理念，各个管理部门都要将自身摆到零售转型的总体部署中来，不能简单地认为零售转型是业务部门或者基层支行的事情。

第二重含义是在行动上采取"提出问题并给出解决方

案"的方式，各个管理部门需要从本部门的专业领域，帮助前台部门和基层支行解决实际问题；特别是财务管理部门需要发挥"财务中枢"的作用，为零售转型输送"粮草"；信贷关联部门需要把控好"刹车"与"油门"的平衡，保障零售转型又稳又快推进。

第三重含义是在考核上实现"前台化"，除了少数保障性部门之外，所有与业务相关的部门都要"扛"指标，在职能上定位为后台、中台部门，但从考核上转变为前台部门。

平台搭建主要是提出并践行了一个"管理中台"的概念。这种做法是以数据共享为基础，以精细化管理平台为支撑，搭建了"制度—流程—系统"的管理体系。"制度"解决各项工作有据可依的问题，"流程"解决制度高效运转的问题，"系统"解决流程固化与留痕的问题，环环相扣，以高效的管理保障高效的零售转型。

职能转变与平台搭建背后的原理在于，管理不直接创造效益，但直接影响效益的创造；管理不一定增加效益，但可以节约成本。因此，优化管理既是零售转型的充分条件，也是应对严峻挑战的有效手段。

管理大师彼得·德鲁克曾讲道："管理的本质是为了提高效率，而管理的最高境界是不用管理。"兰州农商银行根据零售转型的需要，因时因地推出许多务实且创新的管理举措，目的就是提高效率，并且通过数年的积淀，这些管理举措已经用机制和技术逐步固化下来，推动零售转型运行在高效的"轨道"上，逐步向"不用管理"的境界迈进。

第1节

财务中枢

财务管理是银行经营的中枢、管理的轴心，涉及资金的筹集、使用和分配，贯穿于银行的所有经济活动。财务管理不仅直接影响一家银行的竞争力和抗风险能力，而且在具体业务开展中发挥着关键的推动作用。

"兵马未动，粮草先行。"对于行军打仗是这样的，对于经营银行来说，也是一样的原理。兰州农商银行零售转型之初的财务基础，可以用一个词高度概括，那就是"捉襟见肘"。但是，通过实施"大财务"模式，突出财务管理职能，发挥财务中枢作用，持续深耕精细化管理、规范化运营、流程化管控、标准化作业，兰州农商银行不仅保证了零售转型的"粮草先行"，而且锻造出了精细化管理能力，创造出了更多的"粮草"。

1.1 "粮草先行"

"腾笼换鸟"是我国产业结构调整和升级的一种策略。兰州农商银行将这种策略引入经营与管理当中，旨在通过零售转型，实现从"规模冲动""速度情结"向具有差异化、特色化、高质量等特征的价值银行转型。实现转型，首先要解决"钱从哪里来"的问题。

解决"钱从哪里来"的问题，一在开源，二在节流。在"开源"方面，零售转型具有重投入、长周期等特点，很难一下子就产生规模效应并带来"真金白银"的回报。因此，更切实际的做法在于节流。转型初期，兰州农商银行就明确提出，要牢固树立长期"过紧日子"的思想，并通过费用管控、集中核算等方式，为零售转型解决了财务来源的问题。

费用管控

转型初期，兰州农商银行首先向不合理费用"开刀"，大力度取消不合理费用，通过缩编一级支行，合并重叠网点，减少车辆配置，压降绿植、广告等费用，据保守估计，节省网点租赁费、绿化费、广告费等费用上亿元。

配合零售转型的推进，兰州农商银行发挥预算的刚性约束作用，坚持"先预算后开支、无预算不开支、有预算不超支"的费用管控原则和"严格费用预算、严格审核把关、严格日常管控"的费用管控思路，在保障开门营业费用的基础上，将费用向业务营销、风险化解、基础保障和重点工作倾斜。

兰州农商银行将酌量性非人力费用进行分类管理，划分为日常费用、营销费用和专项费用。按照"保开门、促营销、压专项"的要求，日常费用主要用于保障开门营业，按需据实列支；营销费用按照"总行保障支行、后台保障前台"的思路，优先满足各支行业务营销的需要；专项费用严格落实"过紧日子"的要求，严控一切非必要支出，实行事前申请、事后报销、总行条线部门归口管理的原则。

为了充分发挥财务资源的激励作用，将模拟利润与业务规模增长统筹起来，突出业绩导向配置营销费用，按照规范、高效、保障的原则，对总行部门营销费用进行"包干制"管理，实现财务资源高效利用，促进全行业务结构优化和质量提升。

在此基础上，强化费用预算执行管控，适时监测费用使用情况，按月向各支行及相关部门发送费用预算执行提示函，确保费用使用与目标任务、序时进度相匹配，确保费用预算得到有效执行。

集中核算

2020年，兰州农商银行在计划财务部内设了专门的报账中心，负责全行所有的费用报账和会计核算工作。报账中心梳理下发了全行统一的费用报销流程、审批权限、资料要件及列账规则等，并依托新财务管理系统和精细化管理平台，使用财务机器人，实现了所有费用从事前申请、审核审批、发票真伪核验、账务核算到费用支付的全流程线上自动化作业，实现了全行所有费用全部由财务部门统一报销和集中核算，有效解决了费用管理中存在的报销不规范、会计科目使用不准确、审批审查不严等各种乱象及漏洞。

可以看出，通过财务管理的调节与促进，兰州农商银行的零售转型战略得以顺利启动和有序推进，由此带来的经营质效也发生了根本性变化，增加的基本上都是稳定性存款和零售类贷款，实现了从大业务向零售业务的"大挪移"。

1.2 财务也要"扛"指标

老百姓常说："吃不穷，穿不穷，计算不好就受穷。"在解决"钱从哪里来"的过程中，财务管理部门不是仅仅承担算账、管账的角色，自身也要"扛"指标。

兰州农商银行在考核上将计划财务部划分为前台部门，将全行的效益类指标任务与计划财务部KPI挂钩，实施量化考核，按月预发，按季考核，年终清算绩效薪酬，"倒逼"财务部门加强预算管控，落实增收、节支、降本、控费等各项举措，推动财务精细化管理提质增效。

基于这样的布局，计划财务管理部门的工作思路和方法发生了相应调整。总体的思路是，实现财务的精细化管理。具体的做法是，做好全行整体的财务统筹，推动预算管理的有效落地，实现科学的定价管理。

财务统筹

首先，根据总行发展规划，特别是零售转型的需要，做好年度经营目标设计。其次，做出业务预算和规划，并且根据存贷款结构配比，细化到支行层面。再次，做好费用预算和绩效预算。最后，配合考核部门，做好各类考核工作。

预算管理

兰州农商银行建立了"战略引导、全面预算、总额控制、收支挂钩、分级负责"的预算管理机制，形成了涵盖经营性预算、资本性支出预算、财务预算、税务筹划等在内的预算管理体系，推动员工实现利润贡献和价值创造，并且在实践过程中总结出了"三上三下"工作法。

兰州农商银行预算管理"三上三下"工作法

"三上三下"工作法是在预算编制过程中，由兰州农商银行总行条线部门与各支行共同参与，对存量存贷款的到期、续存、续贷以及新增任务进行详细摸底、分析，按照支行上报、条线审核、财务测评、总行审定的程序，通过支行根据经营目标三次上报、总行综合考量后三次下达，在反复沟通的过程中，让条线部门、各支行对规模任务、效益任务如何完成做到心中有数，进而保证了预算管理的科学精准，即通过"三上三下"的方式下达年度经营计划。

"一上"是支行完成预算（包括存贷款业务预算、规模预测、利率预测、利息收支预测等），报至条线部门，条线拟定预算至计划财务管理部门，财务管理部门统筹汇总，形成全行预算并上报高级管理层。"一下"是高级管理层根据经营目标，结合工作实际，对预算结果提出调整意见，自上而下进行指导。

此为"一上一下"，主要是围绕经营计划"算大账"。

"二上"是各支行、条线部门及财务部门根据总行首轮调整意见，进行预算方案调整，逐层上报汇总，形成二稿预算方案。"二下"是支行、条线部门和财务部门对预算方案展开讨论，就方案的可行性、落实举措等进行沟通，将通过的预算事项纳入预算计划，对不满足要求的，提出二次调整意见。此为"二上二下"，主要是围绕效益"算细账"。

"三上"是各支行、条线根据专题会议精神调整各个指标设置，体现降本增效要求，形成全行预算目标。"三下"需要根据预算目标，形成各支行和条线的规模任务并分解下达。此为"三上三下"，主要是围绕目标完成"算考核实账"。

运用"三上三下"的方式下达年度经营计划，将全行年度经营目标任务分解从"自上而下"的单向下达，转变为"自主上报"与"分解下达"相结合，将全行经营目标任务与各条线部门、各支行、个人奋斗目标相融合，在上与下的反复沟通中，摸清底数，找出差距，明确目标，制定措施，提高了预算的精准度和执行力，统一了思想，凝聚了共识，增强了全行对年度经营目标的使命感、责任感、认同感。

同时，为更好地实施预算管控，实时监控预算执行情况，全行配套开发了财务预算管理系统，逐步实现了"编制—执行—分析—监督"的预算闭环管理体系。财务管理部门围绕"增效益"的目标，常态化加强预算执行监测分析，强化跟踪通报督导。按日通报存贷款、不良清收处置等主要经营指标，按周统算综合经营计划任务完成情况，按月对营业净收入、模拟利润、贷款收息率、存款付息率、费用管控等重点指标开展财务分析，科学准确地测算各项经营指标，推动财务预算落实落细。

定价管理

兰州农商银行注重发挥利率定价委员会的实际作用，持续完善和规范存款利率定价决策机制和工作流程，对存款利率政策、利率定价策略、利率执行规范等实行统一管理。

转型之初，该行将工作重心放在规范大户多头存款维护和利率管理上。一方面，压降存款付息率，防止被存款大户"绑架"或为存款大户"打工"等现象出现，对 6 户以投资为目的的存款大户实行到期退出机制，累计剔除高成本大户存款近百亿元，各类存款平均付息率较 2018 年末下降了 60% 以上。另一方面，着力降低大户存款集中度，提升存款整体稳定性，降低对大户存款的依赖，防范流动性风险。2023 年以来，对各支行按照存款、贷款利率高低进行"打折"考核，有效避免了冲时点、冲规模，也避免了大进大出、大起大落。

为解决因各支行存贷规模不均衡、对全行各项业务发展的贡献度无法衡量的问题，2023 年末，兰州农商银行引入存贷款 FTP 定价机制，探索实施模拟利润考核，从存量存款、存量贷款、增量存款、增量贷款四个维度，结合费用分摊，实现账户级模拟利润计算。通过实施存贷款转移定价，用模拟利润替代营业净收入，更加科学精准地测算各支行成本收入，更加公平合理地对各支行进行考核，并通过对模拟利润匹配营销费用、挂钩绩效的方式，激励各支行加强贷款收息率、存款付息率管理，主动调整存贷款业务结构，扩大存贷利差，引导支行逐步向"以效益为中心"的经营理念转变。

通过财务部门"扛"指标，兰州农商银行真正体现出了协同效应。过去，协同建立在机制之上，也建立在情怀之上，但没有利益关联，难免置身事外。利益关联之后，计划财务部门从过去的后台指挥，转变为向前推动，因为只有将自身的能力"加载"到前台部门、将自身的"触角"前移到基层支行，保证零售顺利转型，才能保证自身的效益类指标的实现。

1.3　费用要靠挣

老百姓讲究，"开门七件事，柴、米、油、盐、酱、醋、茶"，每一项都与费用息息相关。银行的"开门"经营也是一样的道理，只有管好费用，才能"开好门""开门红"。

对此，兰州农商银行确立了"费用要靠挣"的主体思路，以业绩与费用挂钩的方式，有效地发挥财务资源的激励和引导作用，促进业绩增长。在此基础上，加强数据管理和资金管理，切实降低费用损耗。

业绩与费用挂钩

兰州农商银行构建了全员参与、全过程管理、全方位监控的费用管理执行体系，突出业绩导向进行费用配置，将营销费用与各支行存贷款存量、增量及模拟利润挂钩，制定营销费用配置方案，内嵌于绩效考核系统，实现账户级计量。

基于上述基础，总行计划财务部门根据业务进度和系统计量情况，按月将营销费用匹配至营业网点，由各网点灵活规划使用，将原来依据存贷款规模及增量划拨的方式，转变为各支行自主争取和自由支配的方式，实现了营销费用管理由被动到主动的转变，有效地提升了财务资源投入产出效能。

数据管理

为加强数据管理，提升数据质量，减轻基层数据负担，切实解决多头统计带来的数据混乱、标准不一、质量不高等问题，兰州农商银行实施数据归口管理，将1104、1411、金融基础数据、EAST、利率报表等各类统计报表数据全部划归计划财务部门归口管理，所有报表数据均由计划财务部"一口填报""一口提供"，实现了报表数据由多部门协同报送转变为单一部门归口报送，达到了基层支行数据"零报送"、报表"零填报"的效果，充分为支行减负赋能。

在此基础上，大力提升数字化管理水平，推动数据价值分析和数据内部共享，开发了行内报表平台，统一整理出常规管理用报表121张，由系统定期自动生成，供全行随时调取使用，为零售转型、经营管理提供了有力的数据支撑。

现金管理

2023年以前，兰州农商银行整体柜面和现金库的现金量较大，柜面和ATM机的尾箱限额都是满额的，非生息资产的占用比例较高。为此，兰州农商银行推行现金使用率考核。

为提升现金使用率，兰州农商银行主要采取了"五手抓"举措。一是结合岗位调整实际，减少柜员尾箱。二是积极和人民银行协调沟通，将小面额新钞提款要求由五箱起提改为一箱起提。三是代理县域行社残损币缴款，将行社残损币上缴方式由成包上缴改为成捆上缴。四是指导辖内营业网点通过轨道交通单位、商超等场所，采取上门兑换等方式，消化存量硬币。五是每日监测营业网点现金使用率情况，及时督导现金使用率过低网点分析原因并加强现金管理。通过多措并举，该行将资金使用率提高至52.77%。

"事不关己，高高挂起。"过去，没有将业绩与费用挂钩，基层就会出现不计成本"要人""要资源"的现象。推行"费用要靠挣"的理念之后，这种现象就再没有出现过，因为要考虑成本与业绩的代价。特别是费用自由支配的"权力下放"和报表、现金负担的集中解决，让基层更加灵活、更加轻快地"跑"了起来，将更多的专注力放到服务好客户和完成各项任务指标上。

第2节
信贷管理变革

贷款业务是银行（特别是中小银行）的一项主营业务。兰州农商银行的零售业务转型，主要"转"的也是贷款业务。但贷款转型不仅是多投放一些零售贷款，而且是贷款管理模式的整体转型，涉及授信管理、流程建设、风险管控等方面。为此，兰州农商银行从结构调整、信贷流程和风险管理三个方面做了重点突破和全新探索。

2.1　信贷供给侧结构性改革

供给侧结构性改革是我国调整经济结构、优化资源要素配置、提升经济增长质量和数量的一项重大举措。这一举措的核心是以增量改革促存量调整，从提高供给质量出发，用改革的办法推进结构调整，矫正要素配置扭曲，扩大有效供给，提高供给结构对需求变化的适应性和灵活性，提高全要素生产率，更好地满足广大人民群众的需求，促进经济社会持续健康发展。

兰州农商银行将这一改革精神有效贯彻落实到了信贷管理当中。虽然社会需求在变化，但是，对于贷款的需求是刚性的，特别是小散客群的融资需求还没有得到充分满足。兰州农商银行所需要做的，便是发挥信贷领域的全要素效率，提升信贷供给的质量。因此，在充分获客、锻造产品能力和有效获客的同时，同步推动信贷供给方式的改革。

结构调整

2019年以来，兰州农商银行把资产负债结构调整作为经营工作的重点，保持战略定力，坚定不移地走小而美、小而精、小而强的零售转型之路。每年年初，该行制定《信贷投放指导意见》，按照积极支持、适度支持、审慎支持以及限制进入四个维度，划分信贷投放行业分类，对贷款投向和投放比例提出严格控制要求。深刻吸取过往发展教训，严格落实监管的限额要求，大力发展普惠小微业务，全行上下一门心思地投放了单户500万元以下自然人贷款和1000万元以下普惠小微贷款。

授信管理

兰州农商银行通过章程、议事规则等形式，明确了董事会及其专委会、高管层及其专委会、业务部门及一级支行的授信管理职责。2022年9月，修订了《关联交易管理办法》，将党委成员、董事会成员、监事会成员和经营层高级管理人员，各一级支行班子成员等具有信贷审批权限的审批人员、有权决定或参与授信和资产转移的相关人员全部纳入关联方名单进行管理。

"挂钩"部门

对于贷款推进，除了激励前台部门和一线支行的积极性外，还同步调动"有权部门"的积极性。"有权部门"主要是指承担授信管理、合规管理、风险管理等职责的部门。每个部门都实行"双考核"，即KPI考核（关键绩效指标考核）和KOI考核（关键任务指标考核）。考核这些部门，不仅要考核员工职能范围内的管理职责，还要考核员工职能范围内的经营职责。

比如，授信管理部的KPI考核，考核指标有11项。其中，涉及贷款类指标3项，分别为各项贷款时点净增、各项贷款日均净增、各项贷款本年度反弹不良率控制；客户类指标5项，分别为推荐目标客户数、个人授信客户新增、对公授信客户新增、个人用信客户净增、对公首贷户净增；收益类2项，分别为各项正常贷款收息率、各项正常贷款利息收回率；费用控制1项，即全行酌量性非人力费用控制。

通过这些核心举措，兰州农商银行从信贷供给端实现了有效供给、高效响应，进而为前台部门的产品创设、一线支行的营销服务创造了良好的环境和有力的保障。由此，从"前线呼唤炮火"转变为"全线供给炮火"。

2.2 "双化"信贷审批模式

信贷流程是一项严谨且复杂的过程，也是体现有效供给信贷资源的一个主要载体。调整信贷结构，实现零售转型，都离不开信贷流程的规范高效运转。为此，兰州农商银行对传统信贷流程进行了变革性改造，形成了"外部大数据+现场调查+智能风控+人工审查"的智能信贷操作模式。相比一般的线上线下结合模式，这一模式的最大特点是流程智能化、审批集中化。

流程智能化

目前，兰州农商银行的零售贷款流程已经具备了全程智能化的能力。从线上来看，采用"外部大数据""智能风控"等科技系统"跑"流程；从线下来看，客户经理全程在"随手办"上办业务，并通过"智能审查"确保了调查客户资料的完整性和合规性，同时基于视频的智能防伪调查技术，也确保了现场调查的真实性。

根据信贷类别的不同，流程智能化可以分为两大类：一类是纯线上办理流程，一类是线上线下相结合的办理流程。

纯线上办理流程，适合贷款额度相对较小、标准化程度相对较高的个人贷款业务，具体办理流程为：客户进件→资格准入→产品准入→额度测算→利率定价→视屏面签或人脸识别→线上签约→放款还款。整个流程全部在线上进行，无须线下介入。

线上线下相结合的办理流程，适合贷款额度较大、标准化程度相对不高的个人贷款业务和小微贷款业务，具体办理流程为：客户进件→资格准入→产品准入→转线下（派单至管户经理）→电话调查→人工匹配产品→短信预约→A岗核验→采集数据→B岗复核→额度测算→利率定价→视屏面签或人脸识别→线上签约→放款还款。整个流程基本在线上进行，只是在增强客户信息和增加担保条件的环节加入了人工介入环节。

审批集中化

贷款审批是贷款流程中非常核心的环节，兰州农商银行根据自身的实际，推行两类集中化审批：一类是集中到总行审批，采取智能审批与专业审批相结合的方式，审批所有的个人类贷款；另一类是集中到一级支行审批，主要是小微贷款业务，由总行授权到一级支行，一级支行组成专门的审批小组进行审批。

智能审批是针对个人贷款数量大、笔数多的实际而确定的。高峰的时候，单日个贷申请量能够达到400多笔，单靠人力去审批，很难快速响应客户和基层的需求。对于纯线上贷款流程，智能审批承担最终审批人的角色；而对于线上线下相结合的贷款流程，智能审批承担审批"参谋"的角色。

专业审批则是根据数据质量相对较弱而确定的。线上贷款的决策依据主要是数据，数据主要来源于征信数据、行内数据和外部数据。前两类数据各家银行都有，很难形成差异化。外部数据包括政务数据和非政务数据，政务数据是强数据，但目前基本是空白，主要应用的是非政务的弱数据。非政务数据只能判断能不能贷款，不能准确判断贷多少款。因此，需要线下去收集客户的个税、工资、公积金等强数据。

线下收集到的强数据，还需要"过三关"。一是要过"模型关"，基于这些强数据，通过模型测算额度，形成贷款审批的参考依据。二是要过"审查关"，加入人工审查环节，对数据的真实性、全面性和准确性进行复核。"复核"方式是通过调取APP，还原客户经理的贷款调查全程录像，以及由此形成的调查报告，并重点对客户姓名、金额、期限、利率、产品、还款方式、支付方式等要素进行复审，以及提出放款前条件和放款后条件。三是过"审批关"，由独立审批人参考模型结论，依据总行制度，做出最终审批。贷款工单与授信审批人、用信审批人都是随机配对，杜绝"关系贷"等不正常现象。

整个流程描述起来比较复杂，但实际运行非常简单，而且半个小时之内就可以完成，可以满足客户的需求。这种方式是在现有条件下个人信贷流程的"最优解"，随着强数据来源的逐步畅通，随时可以切换到更快更便捷的信贷流程上。

可以看出，"双化"信贷流程真正实现了从权力审批向专业审批、智能审批的转变，并且兼具"快"和"稳"的双重特性。"快"主要体现在流程智能化上，"稳"主要体现在审批集中化上，一"快"一"稳"，在保证信贷质量和效率的同时，也尽可能地满足了最广大客群的信贷需求。

2.3　在对立统一中前行

风险是银行经营的永恒主题。相比于大额信贷，小额信贷具有风险分散的特点，但并不是说没有风险。小额信贷有其特定的规律，主要的风险点出在两个方面：一是总行的管理能力，二是员工的个人道德风险。这两种风险点的一个共同特征是只能定性，很难量化，更难标准化。难以量化的管理就容易走向极端，要么放任自流，要么过度管控。

兰州农商银行转型零售之时，全社会的零售信贷风险较之过去已有所抬头。一方面是外部环境使然，经济趋缓、过度竞争、客户收入下降等因素都是不利条件；另一方面是自身原因导致，经验缺失、基础不牢、科技不强等都是风险因素。

基于这种情况，兰州农商银行提出了"经营风险"的理念，风险"防"是防不住的，用大额贷款的风险管理方式套用到小额贷款上面，也是不适配的，需要根据小额信用贷款的特点，采用恰当的风控模式。

总行的管理能力

面对众多的零售客户和大量的零售信贷业务，兰州农商银行的管控方式可以概括为：标准化。正如前文所述的产品能力锻造、信贷流程变革，都是在朝着标准化的方向努力，要么产品标准化，要么流程标准化，在保证营销"上量"的同时，实现有效的风险控制。可以说，从管理能力角度看，将风险预防做到了最大化。

在此基础上，兰州农商银行在精细化管理平台中，专门建设了"风险贷款管理"板块，主要包括风险客户识别、贷后检查、贷后催收三项功能，赋能一线做好风险管理。

预防道德风险

这是一个难题。太严了，容易抵消员工好不容易培养起来的营销积极性；太松了，在造成资产损失的同时，也会"害"了员工。

"做事看结果，做人看过程。"老百姓的大白话中往往蕴含着深刻的道理，也成为兰州农商银行许多办法的智慧源泉。根据这个道理，兰州农商银行按照甘肃省农信联社的容错纠错制度，推行了针对不同条线、不同岗位人员的尽职免责办法。对于信贷调查、审查、审批等环节"看结果"，对于参与信贷调查、审查审批等人员"看过程"。"看过程"的方式，就是以尽职条款划定界限，明确职责边界，只要做到了各自职责范围内的事情，其他都可以免责。由此，在管控与激励之间达到了一定的平衡。

对于贷款调查人员，主要是两点：一是调查收集信息的真实性、完整性、有效性；二是意见建议的可行性。只要做到这两点，就是尽职，就能免责。

对于审查审批人员，重点看贷款审查人员出具的审查结论依据是否客观、充分，重点看审批人员在审批过程中对于确有瑕疵的信贷业务，是不是实事求是地按程序提出了完善建议或风险防范措施，以及提出的防范措施是否足以防止该信贷业务因客观存在的不足所产生的风险。只要做到这些要求，就算是尽到了职责，可以免责。

对于贷款发放审核人员，主要看其是否在对信贷业务实施过程中的程序及手续的合法性、合规性、合理性和审查的真实性上尽到了责任。

对于贷后管理人员，主要看其对于发现的影响信贷资金安全的情形是否能及时报告并采取有效防范措施，使风险或损失降到最低程度。

唯物辩证法告诉我们，对立与统一是矛盾的两个根本属性。许多银行零售转型之所以寸步难行，并非大家不努力，恰恰相反，而是大家都努力，但方向是反着的。这就像开车一样，踩油门用力，踩刹车也用力，最后车辆很可能报废了。

兰州农商银行零售转型所采用的"经营风险"理念，本质上就是在对立统一中前行。而实现这种效果，并非让营销部门努力，风控部门不努力，而是都要努力，要在同一个正确的方向上努力。

第3节
精细化管理平台

如果将兰州农商银行的财务中枢的新定位、信贷流程变革的新模式下探一层，你会发现，支撑这些目标实现的，是一个精细化管理平台（见图12）。

对于操作者来说，这个平台有点类似Deepseek的原理，可以输入关键词，通过平台的自动运转，得出经过思考的结果。而之所以可以产生这种效果，是因为这一平台将各类业务和管理系统做了总统筹，将各类系统当中的数据做了总归集，由此规避了系统建设的竖井现象，整合成为一个伞状的互联平台。

要想读懂这一平台，你会产生一种"横看成岭侧成峰"的错觉。这种错觉源于这个平台的综合性，平台既是各种流程的载体，又是各项管理的支撑，还是系统建设的集合。但"杂而不乱、乱中有序"是这一平台的最大特点，因为它的底层逻辑是基于"制度—流程—系统"而重新建构的管理中台。

3.1 制度建设之基

零售转型，对兰州农商银行来说，几乎是从零起步。因此，之前这一领域的制度建设几乎是空白。由此，兰州农商银行从制度建设、制度辅导、制度检查三个角度分别发力，不仅弥补了空白，还为精细化管理平台建设夯实了基础。

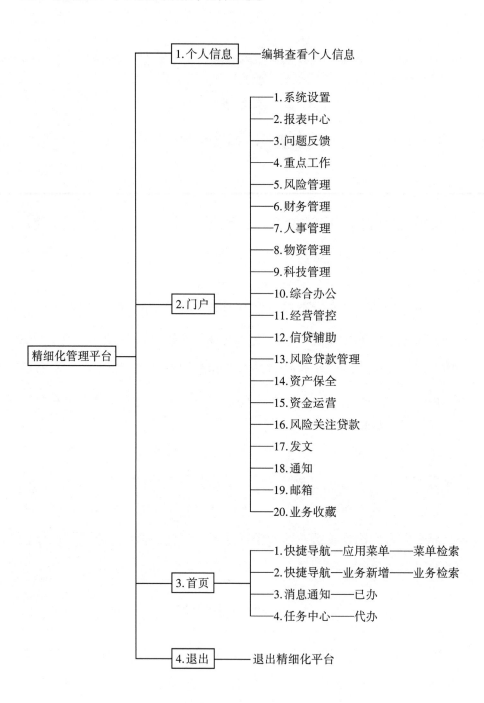

图12 兰州农商银行精细化管理平台原理图

制度建设

兰州农商银行在甘肃省农信联社制度框架内，建立了以"章程"为根本遵循，以"制度、议事规则"为基本依据，以"办法、规范、预案"为工作指引，以"流程、规程、细则"为操作指南的四级制度体系。所有的制度建设秉持"四性要求"，即制度与制度之间的衔接性、与各系统的匹配性、与业务发展的适应性、与内部管理的有效性。

2019年12月初至2020年3月末，历时126天，新建及修订制度256项，涵盖了公司治理、党建群团、行政管理、财务管理、会计运营、信贷业务、金融市场业务、中间业务、风险合规、监察审计、科技信息、档案管理和消费者权益保护13个领域。2020年8月至9月，对所有制度进行评估，对82项制度进行修订。在此基础上，按照新时代党的建设总要求中"将党的制度建设贯穿始终"的工作部署，该行于2022年11月研究制定涵盖思想建设、政治建设、作风建设等内容的党建"1+N"制度体系，合计30项。

制度辅导

有了制度体系，还需要做好辅导工作，才能让制度入脑入心见行动。兰州农商银行重点采取制度宣讲、编制题库、自研平台三种方式开展制度辅导工作。

2020年4月至6月，13个职能部门利用晚上下班及周末时间，在各一级支行开展巡回制度宣讲186场。同时，为全体员工配发了制度汇编学习手册。按照"配套制度、相对简单、优先普及"的原则，建立了员工制度学习试题库，总行条线部门定期发布制度学习任务，将各机构人员的学习情况按季度纳入综合绩效考核。

2020年8月，上线了集在线学习、任务发布、在线考试、积分管理等功能于一体的线上学习平台，并且实现了由单一的PC端向"PC+移动端"的多元化转变。2022 年 9 月，兰州农商银行负责研发的"甘肃农信 i 学习网络教育平台"正式上线，在全省各行推广使用。

制度检查

制度定了，是否得到了执行，辅导又是否有效，都需要通过检查来检验。各个职能部门定期深入基层开展制度检查，对于发现的问题，分类施策。属丁轻微或者个案的问题，现场解决，以教育辅导为主；属于严重或者共性的问题，提交有关层面，重点研究解决。

同时，将制度执行情况纳入员工合规积分管理。其中，审计条线坚持以"新老划段、惩防并举、重典治乱、猛药去病"的硬核手段，做好各类检查的"收口"工作，守牢"最后一道防线"。

通过"扎牢制度的笼子"，兰州农商银行在消化存量风险、预防新增隐患的同时，也让各项工作高效展开，特别是对零售转型的推动大大加速。有了制度的保证，就相当于是给零售转型这趟列车铺好了"轨道"，不仅能够快速"行驶"，而且保证了"不脱轨"，将风险控制在了可控范围之内。

3.2 流程银行之用

中国加入 WTO 后，中资银行的业务流程存在重大弊端，难以与外资银行竞争。时任中国银监会主席的刘明康指出，中资银行多是"部门银行"，服务、创新和风险防范受到限制，导致问题出现时部门间相互推卸责任。因此，合规机制需要建立在流程银行的基础上。

兰州农商银行在零售转型过程中，同样深刻地意识到了流程银行建设的紧迫性和现实性。面对千头万绪、关联众多的庞杂事务，没有流程管事，很难达到"牵一发而动全身"的效果。而建设精细化管理平台，就要起到"牵一发而动全身"的作用。2023 年 8 月，兰州农商银行启动了精细化管理平台建设项目。这一项目的最大特点是"建设流程银行但不仅仅是流程银行"，突出地体现出"六个不一样"。

顶层设计不一样

区别于业内常用的"一业务一平台、一条线一系统"信息系统方案，精细化管理平台的模式是"一平台、全覆盖"，通过一个平台综合关联行内综合办公、费用管理、物资管理、档案管理、贷款管理、人事管理、运营管理等20多个系统，支撑绝大多数业务及管理工作。

组织模式不一样

大部分银行的模式是在原有架构上建设平台，兰州农商银行是用系统建设反向对原有业务流程以及组织结构进行优化变革，进而重新厘清各部门的工作职责、权限和关系，实现"业务条线前、中、后台相互分离""中后台集中运作""风险管控三道防线运转有效"的目标，充分体现了中小银行的灵活性、地域性和业务差异性。

流程设置不一样

精细化管理平台的流程按照"低风险、短流程，中高风险、长流程，小金额、短流程，大金额、长流程"的原则来设置。这种设置，在人员不变的前提下，实现了工作效率的翻倍式提升。

操作方式不一样

基于精细化管理平台，配套开发了移动平板和企业微信端，满足移动办公和线上审批的需要。后台员工可随时随地进行工作审查审批，在班后、异地出差等场景下，可及时处理工作事项，前台员工也可现场受理业务、上传资料。

部门协同不一样

按照"机关服务前台、前台服务客户"的原则，跨部室设置流程，在申请部门审批流程后，经相关管理部门和二三道防线部门再次审查或监督，将前、中、后台工作有效整合，紧密串联，构建前、中、后台相互关联、相互协同的数字化管理体系，实现业务的全周期闭环管理。由此，用最少的投入、最少的人员、最少的场地占用，实现了信息在全行范围最快速度共享。

办理期限不一样

针对客户业务申请、重大事项办理，增加限时办结规则，对任务超时的情况进行考核通报，并与员工绩效挂钩，实现管客户、管事情、管流程相统一。

截至2024年底，全行已建成涉及14个部门的166个流程，累计发起流程31.8万次，日均发起约700次，授用信效率提升80%，会办效率提升60%，办公类效率提升45%，全行综合效率提升60%以上。

3.3 管理中台之美

基于制度建设之基、流程银行之用而建设的精细化管理平台，到底该如何定位？可以说是营销中台，也可以说是审批中台，还可以说是数据中台。这些说法都对，但只说对了其中的一部分，还不是全貌，也不是本质。

那么，精细化管理平台的本质是什么？在正式解读之前，这里要引用《在悖论中前行》一书中华为公司CEO任正非曾经讲过的一段话："改革是要把权力都放到流程里，流程才拥有了权力。你最高的领导没有权力，最高领导只能做规则，所以改的最后结果，就是我成了傀儡。"[①]

之所以引用这段话，是便于大家看到精细化管理平台的本质，那就是权力的转移和固化的载体。精细化管理平台把领导的权力放到了制度和流程里面，"自己革自己的命"，当领导的指示与流程相冲突的时候，

---

① 田涛：《在悖论中前行》，浙江科学技术出版社2024年版。

需要依据流程来，否则通不过。这样，就可以最大化地保证零售转型按照流程运转，不因领导个人的失误或者能力缺失而影响零售转型的大局和全行的利益。

过去，兰州农商银行也有章程，也有各种制度，但是，为什么会出现定位偏移、风险聚集等问题？因为制度是"死"的，人是"活"的，没有流程约束，人可以搞各种变通。有了流程就万事大吉了？也不行，过去的制度里也有各种流程规定，为什么还是出了那么多问题？原因就在于没有系统固化的流程，只要领导有指示，基本等同于没有流程。

因此，制度—流程—系统，三位一体，缺一不可。流程是"跑"起来的制度，制度是"静"下来的流程。制度管人、流程管事，都需要系统来承载，以此维持总体平衡。这如同是一个"倒三角形"的结构（见图13），任何一角的变化，都会导致失衡的现象。

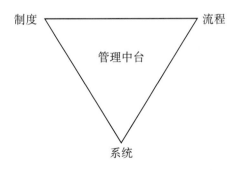

图13 精细化管理平台原理简图

可见，精细化管理平台并非简单的某一定位的平台，而是一个管理中台。所谓"管理中台"，是在各个部门职能分工中前、中、后台差异定位的基础上所做的总体统筹管理，并用科技系统的方式做了固化，进而实现了"三个融合"。

业务与管理的融合

转型以来，兰州农商银行完成了以客户为中心的业务流程再造。精细化平台则是进一步以业务流程为中心再造管理流程和决策流程，以流程贯穿为主线，促进了业务与管理的一体化。

各个系统之间的融合

兰州农商银行根据发展的需要，基于甘肃省农信联社的科技大平台，先后建立了多个辅助性系统，这些系统在各自领域发挥了应有的作用，精细化管理平台并不是要再造一个独立的系统，而是基于这些系统做了"大整合"。由此，极大降低了开发的难度以及后续运维的工作量，能够快速部署。

"端"到"端"的融合

所谓"端"到"端"，是从数据的源头到目的地的整个过程，无须经过中间环节或转化。基于制度建设、流程银行、数据治理、系统建设等扎实基础，精细化管理平台做了数据治理与业务应用、管理应用的"大串联"，基本实现了在各个维度的一键输入、结果自然输出的效果。

管理中台是一种全新的管理模式，涵盖了前端营销、中台审批、风险管理、不良管控、财务精细化、人力资源管理、决策支持等综合领域的全流程数字化管理体系，实现了信贷、风险、营销管理自动化、财务管理精细化、各类审批实时化、档案管理电子化。科技平台是固化形式，管理转型是核心内容，这种模式既避免了"有制不依"的老毛病，也克服了流程银行之殇，还实现了系统建设的整合效应，不仅有助于零售转型的加速推进，而且将助推兰州农商银行实现全面蜕变。

第8章
数字化的实用主义

无论是业务拓展，还是内部管理，抑或是高层决策，兰州农商银行都注入了数字化的技术含量，这才保证了将"好的想法"变成"实的做法"。

从2020年"新零售"平台建设开启，到目前，兰州农商银行完整地走过了"业务—管理—决策"的全流程数字化历程。

大银行进行数字化转型尤为不易，小银行进行数字化转型更加艰难。无论是资金投入、人才队伍，还是数据基础、技术能力，看上去都是一件不可能完成的任务。兰州农商银行虽不能说实现了数字化转型，但数字化确实在各个领域发挥了高效和实效的作用。

那么，兰州农商银行做对了什么？可以达到这样的效果。

一方面是思路务实。兰州农商银行将数字化定位为零售转型和精细化管理的"加速器"，重点体现"术"的定位，而不是"道"的定位，"道"还是金融应用。

另一方面是路径有效。兰州农商银行基于两级法人管理体制的实际和零售转型的需要，选择了"充分借力甘肃省农信联社科技大平台的力量""一切从应用出发""始终坚持自主创新"三条道路。由此，实现了数字化的可能性、可行性和可为性的"三性合一"，形成了两级法人管理体制下数字化转型的"嫁接模式"（见图14）。

这一模式中，兰州农商银行基于甘肃省农信联社科技大平台的基础环境，根据业务的需要，采取自主创新的方式，进行三层改造和应用，分别为数据层、应用层和展示层，既控制了科技建设的风险与重复投入，也实现了法人机构的应用所需，可以说是两级法人管理体制下的最优科技实践。

基于这一模式的兰州农商银行数字化转型，并不是"高大上"的技术堆砌，也不是五花八门的名词创造，而是典型的实用主义。

所谓"实用主义"，可以简单地概括为两句话：有用即真理，无用即谬误。兰州农商银行的每一项数字化举措都是围绕"有用"来推动，说其是"真理"有点夸大，但绝非"谬误"之举，许多数字化做法更是已经引领全国中小银行之先。

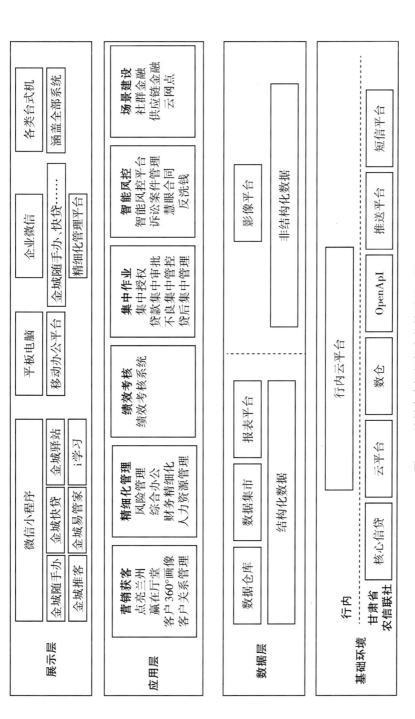

展示层

微信小程序
金城随手办 金城驿站
金城快贷
金城推客 i学习

平板电脑
移动办公平台

企业微信
金城随手办、快贷……
精细化管理平台

各类台式机
涵盖全部系统

应用层

营销获客
点亮兰州
赢在兰州
客户360°画像
客户关系管理

精细化管理
风险管理
综合办公
财务精细化
人力资源管理

绩效考核
绩效考核系统

集中作业
集中授权
贷款集中审批
不良集中管控
贷后集中管理

智能风控
智能风控平台
诉讼案件管理
慧眼合同
反洗钱

场景建设
社群金融
供应链金融
云网点

数据层

数据仓库

数据集市

报表平台

影像平台

结构化数据

非结构化数据

基础环境

行内

甘肃省
农信联社

行内云平台

核心信贷
云平台
数仓
OpenApI

短信平台
推送平台

图14 兰州农商银行数字化转型原理图

第1节
能力建在大平台之上

2003年6月27日，国务院印发《深化农村信用社改革试点方案》（俗称"15号文"），启动了数以千计的农村信用社改革，形成了一直沿用到本轮改革的"省级联社—法人机构"两级管理体制。可以说，两级管理体制是做好农村中小银行所有工作的基础。

兰州农商银行的数字化转型也是将能力建在了甘肃省农信联社科技大平台上，才具备了实现的可能性。正是有了甘肃省农信联社的包容"土壤"及其科技大平台的赋能"树干"，才结出了兰州农商银行数字化转型的"果实"。

1.1 包容的"土壤"

兰州农商银行的存贷款总量均位居甘肃农信系统第一位，是系统内首家资产过千亿元的机构，兰州农商银行主要负责人也是甘肃省农信联社党委的班子成员。兰州农商银行在兰州市24家银行业金融机构中，存贷款均居第5位，处于第一方阵。

这样的经营规模和人事安排，为兰州农商银行的数字化推进创造了良好的条件。但是，条件再好，关键在于"土壤"的包容性。没有好的生长环境，再好的条件也难以发挥作用。

"娘家人"

兰州农商银行提交综合改革的请示后，甘肃省农信联社充分肯定，专门批复，对兰州农商银行12项综合改革全力支持。不仅支持，而且明确了先行先试的方向，还给予其可容错的配套机制。在改革推进的过程中，甘肃省农信联社时刻关心关注兰州农商银行改革动态，充分肯定其零售转型的探索，帮助其协调并解决了许多重点难点事宜，充分体现了管理、指导、协调、服务的"娘家人"职责。

部门支持

甘肃省农信联社的各个部门也从各自的职能领域给予兰州农商银行全力配合和全面赋能。其中，风险管理部门参与审核兰州农商银行风控模型设计，指导其做好风险防范各个方面的工作；个人金融部门兰州农商银行对个贷业务及产品进行审定与指导；公司业务管理部门指导兰州农商银行推进小微企业贷款工作；网络金融部门在兰州农商银行收单、场景建设等业务开展方面给予大力度支持；科技部门在兰州农商银行技术支撑、数据治理等方面创造了大量有利的条件。

希望越人，责任越大。在这样的"土壤"上创新，兰州农商银行的领导班子深感使命光荣，责任重大，努力推动各项工作成为"先行者"，做好"试验田"；特别是在零售转型上，与全行员工一道，积极实践，不断探索，总结出了许多可以复制到全系统推广落实的好经验、好做法，力求担负起甘肃省农信系统"大家庭"中"长子"的责任。

CCTV纸上纪录片《河西走廊》中曾写道："这是大自然的馈赠，地球上除了海洋，所有的景观在这里呈现；这是文明的通道，世界上不同的信仰和文化在这里交流。"[1]河西走廊的包容文化，也影响着今天的甘肃省农信联社和兰州农商银行。这种上下协同推进综合改革、促进零售转型、推动数字化的模式，正是河西走廊包容文化在新时期"农信传承"的体现。

---

[1]《河西走廊》摄制组编《河西走廊》，甘肃教育出版社2015年版。

1.2 "嫁接"模式

"嫁接"是一种植物繁殖技术，是将一株植物的芽或者枝接到另一株植物体上，使接在一起的两个部分长成一个整体。兰州农商银行推进数字化转型中，也借鉴了这种技术原理，通过"借力"甘肃省农信联社科技大平台的支持，"借智"外部机构的成功理念和成熟做法，并与这两者长成为一个整体，逐步锻炼出一支复合型队伍，逐步锻造出自主研发的创新能力。

借力

表象的背后是本质。与其说兰州农商银行数字化转型工作推进得好，莫如说甘肃省农信联社数字化转型试点工作做得成功。因为在兰州农商银行数字化转型的背后，是甘肃省农信联社信息科技等部门的全面赋能。

第一，构建统一硬件平台。甘肃省农信联社科技大平台搭建了行社业务云平台，将行社业务接入统一规划，实现系统灵活部署、快速上线。这为兰州农商银行数字化创造了基础条件，提供了其"施展才华"的"基础设施"。

第二，开放OpenAPI接口。甘肃省农信联社科技大平台在审慎评估的基础上，根据兰州农商银行的需求，开发近百个信贷接口，支撑个贷16个产品；开发对公十数个接口，支撑对公产品研发。这让兰州农商银行"金城快贷"等产品的创设成为可能，没有这些接口的打通，各类线上贷款都不可能实现。

第三，搭建全省数据推送平台。根据兰州农商银行的转型需要，甘肃省农信联社科技大平台基于这一平台，通过数据推送平台，为其推送400多张已治理数据，覆盖经营管理、产品研发、绩效考核等关键数据。

第四，制定通用专业技术规范。甘肃省农信联社科技部门的专业骨干近距离指导兰州农商银行的数仓和报表平台建设，参与制定开发、测试、运维、安全等方面的技术标准与规范，以及统一技术选型。这不仅给予兰州农商银行技术赋能，实现安全、规范推进数字化，还辅导兰州农商银行的技术人员快速成长。

借智

所谓"借智"，就是选择懂金融、懂技术、有实力、有情怀的第三方公司作为合作对象，双方一起针对兰州农商银行的实际情况提出科技角度的解决对策，并采取"试验田"模式予以尝试。"田"就是兰州农商银行的具体实际，"试验"就是一起想对策、做试验。兰州农商银行主要"出"需求和保障费用；而第三方公司主要看重"试验成果"，从后期推广来实现"投入变现"。

通过"借智"，兰州农商银行以合作的方式，先后开发了新零售业务平台、绩效考核系统、信贷档案电子化管理系统、慧眼合同智能审查系统、红古支行住房专线维修资金管理系统5个系统。在这些合作中，一个底线原则是"离开合作方，系统可以正常运行"。由此，该行不仅实现了短期系统建设的目的，也实现了长期自主拥有系统的目的。

自主创新

2019年以来，兰州农商银行先后自主研发了数据统计管理系统、贷款推荐系统等12个系统。与外部机构合作研发了相互贯通的客户平台、数据平台、新零售平台等系统。这一过程中，不仅满足了经营与管理的需要，更为重要的是，锻炼了一批深通业务与技术的复合型人才，提升出了自主创新的能力。

其中，新零售平台是推动兰州农商银行零售数字化转型的一个主要载体（见图15）。该平台以数字化转型为核心，整合多种金融服务工具，提升客户体验与业务效率，主要分为智能网贷业务和智慧商圈业务两大部分。

智能网贷业务主要支持农易贷、薪易贷、商易贷等产品，支持线上智能化审批与批量授信，有效满足农户、小微企业等融资需求。

智慧商圈业务通过整合支付、信贷、资金管理等服务，为商户提供"一站式"金融解决方案，涵盖收单、供应链金融、资金周转等功能，满足批发商、零售商及社区商户的经营需求。同时，结合大数据与人工智能技术，优化风险控制与客户体验，助力商圈生态发展，提升金融服务效率与商户竞争力。

由此，我们可以理解，为什么兰州农商银行可以用较少的科技投入换来大的数字化成果，为什么兰州农商银行可以避免科技建设的各种"坑"？兰州农商银行的数字化并不是没有投入，而是甘肃省农信联社已经投入了，兰州农商银行只是把甘肃省农信联社已经投入的科技资源用了起来，并用出了好的效果。

我们也可以理解，为什么一个小银行可以玩转数字化，因为借助外部机构的"智慧"，达到了"附之骥尾、可致千里"的效果。

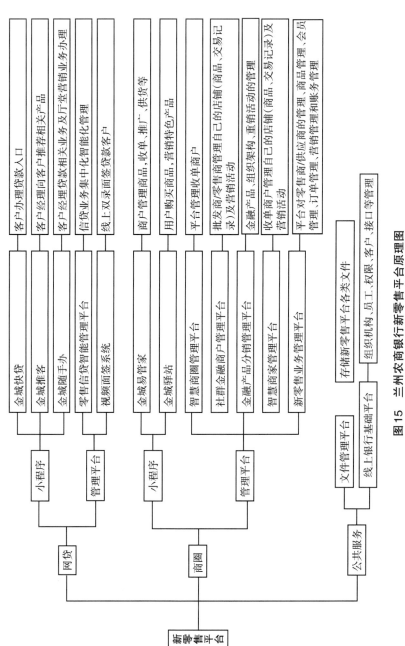

图15 兰州农商银行新零售平台原理图

第2节

业务为本、应用为先

"背靠大树好乘凉"，有了甘肃省农信联社的科技赋能，兰州农商银行的数字化步伐矫健了许多，但责任也重大了许多。如何走好数字化转型之路，成为新领导班子重点思考的一个命题。

兰州农商银行将"业务为本、应用为先"作为数字化转型的指导思想，并明确要求科技部门要从"运维职能"转变为"运维+开发"的"双职能"，科技人员要主动向前。基于大家的共识，认为科技学业务相对好学，业务学科技比较难，为此，这种基于实际情况而定的策略，似乎没有什么科学道理，但确实非常有作用、有效果。

2.1 "五化"策略

按照总行的数字化转型总体思路，科技部门深刻地认识到：科技只有与业务场景、业务产品、经营管理结合起来，才能产生实际价值。

通过深入访谈、问卷调查、情景演练，兰州农商银行摸清了全行不同条线、不同岗位的差异化需求，找到了业务场景、业务产品和业务运行过程中的难点、痛点、堵点问题，确定了产品数字化、渠道数字化、场景数字化、管理数字化、决策数字化的"五化"落地策略。

这"五化"落地策略之中，前"三化"主要是业务需求，后"两化"主要是管理需求。

基于"业务为本、应用为先"的指导思想，先期以个人贷款作为突破口，重点建设以线上线下相结合为主要特征的新零售平台，满足业务需求；后期则以精细化管理平台实现大统筹，重点满足管理需求。围绕"五化"策略，兰州农商银行逐步建成了六大数字化体系，实现了"数据提供底层支持、科技赋能业务发展"的目的。

统一数据治理体系

该体系提供了"数据底座"，为上层应用提供数据支撑，涵盖行内数据平台、外部数据接入、影像平台、报表平台等内容。

集中业务办理体系

该体系包括柜面业务集中授权、贷款业务集中审核审批、贷后集中管理、不良贷款集中管控等内容，并且构建了客户经理以"小程序+PC"为主要入口，中层干部以"PAD+PC"为主要入口，高层管理人员以"企业微信+PAD+PC"为主要入口的业务流转架构。

统一营销获客体系

该体系围绕客户经理外拓营销、厅堂营销、网格化营销、场景获客、渠道获客等方面的需求，建设了助力客户经理的"四个点亮"、助力大堂经理的"赢在厅堂"、助力全员营销的"一人一码"，助力全民营销的"金城推客"等应用系统。

统一客户运营体系

该体系以客户数据治理为基础，对全行客户实行分层、分类管理，配合智能化客户运营方案、统一的客户权益体系，实现有效的客户运营。

智能化风控体系

该体系涵盖全行各个业务条线的风控建模、模型全生命周期管理、模型回归分析等核心功能，广泛应用于客户准入、评审、利率定价、贷后风险预警等领域，提供了风险防控的"防护罩"和各类决策的"数字大脑"。

精细化管理体系

通过将各项制度和流程用科技的方式固化下来、运转起来，在固化当中体现规范，在运转当中体现高效，将业务发展的高效与管理的规范做了有机融合。

"五化"落地策略、六大体系是兰州农商银行数字化的底层逻辑。基于这样的逻辑，才生发出了"金城快贷""随手办""社群金融"等具体应用程序，进而"结"出了业务发展和精细管理的"累累硕果"。

2.2 "数字+化=转型"

如果做一个拆词游戏，"数字化"可以拆为"数字"与"化"两个词。"数字"相当于是"原材料"，"化"相当于是"技术"，只有实现从"数据"到"数字"的"技术转化"，才能实现转型目标。

数据"三字经"

从2022年开始，兰州农商银行启动数据资产管理工作，主要是数仓建设、数据清理，先是完成了数据治理，又做了标签补充，逐步形成了具有自身特色的数字管理体系。

这一体系不仅有效地满足了业务和管理的需要，而且随着时间的推移、数据的积淀，数据资产也变得越来越值钱。

在甘肃省农信联社的大力支持下，兰州农商银行以安全可靠的标准化数据底座为目标，认真念好"集""补""智"三字经，让"数据跑腿"，解决人力消耗的问题，并用报表支撑，提供决策参考。

"集"是集中数据源。兰州农商银行分别从甘肃省农信联社、甘肃征信等5个数据源获取数据，将不同数据源的数据统一汇总到数据中心，结合国标、金融行业标准，统一对数据进行加工处理，按主题域为全行的报表平台、精细化管理平台、绩效考核等系统提供了高标准、高质量的数据，实现了对数十个外部数据接口、上百个指标要素的统一管理和共享。

"补"是补齐数据仓库。兰州农商银行将接入的各类数据源进行集中后，进行行内全数据贯通，涉及甘肃省农信联社推送已治理的400多张报表数据，数个行内下游系统数据回吐，覆盖经营、产品、考核等数据领域，有效解决了"数据孤岛"问题。

"智"是体现智能作用。兰州农商银行先后建设了8个条线部门所涉及的经营、考核、监管报送等113张报表（见表3），作为对甘肃省农信联社综合报表的有效补充，进而扩展了数据在客户管理、精准营销、风险管理等方面的应用。通过发挥数据的智能作用，充分地释放了人力资源，并将统计、报送效率提升了约80%，数据统计、报送准确率达到100%。

表3 兰州农商银行"数据智能"报表明细表

计划财务部	成本核算表、科目汇总表、其他应付明细表等
金融市场部	同业资产环比检测/监测表、同业负债占比等
个人金融部	贷款月报、个人贷款表内欠息通报等
风险合规部	截至年初贷款表外利息收回、特殊贷款回表等
考核办公室	有效商户统计表、收单商户统计表等
会计运营部	个人客户信息统计表、账户风险等级情况统计表、柜员尾箱日中现金余额统计表、营业网点超柜业务替代率明细表等
普惠金融部	对公存款亿元以上排名表、前二十大户单位存款情况表等

技术"转化器"

数据"跑"在前，还需要科技"走"在先。在技术选用上，兰州农商银行主要采用更加适配的集群模式，突出高稳定性、高可用性、高敏捷性等特征，切实实现了"化"的效果，进而将"数据"变为"数字"，变为推动业务发展和管理优化的驱动要素。

在开发选型上，兰州农商银行选用低代码开发平台，开发者通过图形界面和模型驱动的逻辑来创建应用程序，而不需要传统的手写代码。通过提供可视化的开发环境和预构建的模块，让低技术背景的人员也能参与到应用开发中，从而降低技术门槛并加速开发过程。

科技"冲锋队"

要实现一个在"前"一个在"先"，需要有一支专业、精干的科技团队作为支撑。在转型过程中，这支队伍根据总行部署，靠前参与，加班加点，充分发挥了科技"冲锋队"的作用。

兰州农商银行科技部门现有14人，负责开发、运维、测试、安全等工作。除了2名管理人员和2名运维人员，其余10人全都参与开发工作，而且以ABC角色相互备份，进而放大人才效应。

对于这个团队的人才引入、管理和激励，兰州农商银行设置了专门的"绿色通道"，给予特殊待遇，按照科技人才的管理规律来单独对待，以此实现了"留住人、打动情、触动心"的管理和激励效果。

念好数据"三字经"，应用技术"转化器"，锻造科技"冲锋队"，是兰州农商银行数字化转型的"三件套"。既有"生产资料"，也有"生产技术"，还有"生产人才"，形成了完整的闭环体系，实现了数据的"价值变现"，进而有力地推动了零售转型的进程，保证了零售转型的质量。

走进甘肃省博物馆，你会看到一面墙上展示的《新陇》发刊词："回顾吾陇，暮气沉沉，大梦未醒。""人则一日千里，我犹固（故）步自封；人则抉择精华，我犹株守旧物。"《新陇》是甘肃籍北大学子在"五四运动"时期出版的一份刊物，希望以此来唤醒落后、保守的旧时陇右[①]人。如今，我们在甘肃的银行业也看到了"一日千里""抉择精华"的"新陇"气象，这就是兰州农商银行的数字化实践。这一实践充满了实事求是的精神，凸显了实用主义的特色，为甘肃省农信系统数字化转型做出了先行先试的示范，也为全国农信系统打赢"输不起的战争"提供了一份兰州样板[②]。

---

① 历史上，甘肃地区又称"陇右"。

② 由中国银行业协会和浙江农商联合银行于2023年发布的课题报告《全国农合机构数字化转型发展路径研究》的研究结果表明："数字化转型是一场输不起的战争。"面对百年未有之大变局，农合机构的转型发展刻不容缓、迫在眉睫，唯有因势利导，以金融科技引领数字化转型深化推进，才能赢得发展新高地。

第 4 编

组　织　编

一部零售转型史，就是一条组织变革路。这是兰州农商银行零售转型的一个基本经验。

在《组织的力量：增长的隐性曲线》一书中写道："基于大量的企业咨询、实践案例，我们发现实现业务增长（显性曲线）的根本是组织创新（隐性曲线）的支撑，业务飞跃的背后通常是组织的迭代升级甚至变革。""虽然隐性曲线隐藏在底层，发展相对缓慢，不易被察觉，但它却是影响业务增长最核心的因素。"[1]这些观点在兰州农商银行的零售转型过程中都得到了充分验证。

所不同的是，兰州农商银行的"组织迭代升级甚至变革"相对较快，可以比喻为"开着汽车换引擎"，基本上是根据零售转型的需要，重点通过"三定"方式，适配相应的组织体系（见图16）。由此，形成了"不变的战略目标、渐变的组织体系、速变的产品能力"的零售转型特色。

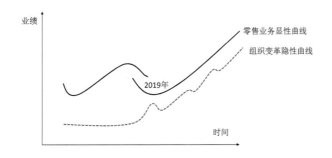

图16 兰州农商银行组织变革隐性曲线简图

---

① 张丽俊：《组织的力量：增长的隐性曲线》，机械工业出版社2023年版。

组织变革最大的特色就是"渐变",既不能"不变",也不能"速变"。"不变"就无法响应零售转型的需要,"速变"又会影响零售转型的稳健。"渐变"不是漫无目的的变化,而是一种有规律的变化,需要把握好节奏感,体现出实效性。

在"金城快贷"上线之前,兰州农商银行并没有多少科技赋能,更没有给力的产品,采用的只是基于绩效考核激励下的"小米加步枪"的打法。之后,兰州农商银行不仅顺利打开了转型局面,而且同步推动了各项产品与工具的研发,其根本原因就在于其通过组织变革,充分发挥了组织的力量。

随着各类产品和技术的成熟与推广,在为业务增长带来推动作用的同时,实际上也给组织管理带来了全新的命题。因为用传统的组织模式来应用新的技术和应对新的"战争",两者之间是存在一定滞后性的。兰州农商银行并没有因循守旧,而是与时俱进地推进组织变革,很好地适应了新的需要。

毛泽东曾说:"身体是革命的本钱。"大意是说,做任何事情都需要具备多方面的素质,但这些素质必须依托在一个前提条件之上,那就是要有一个健康的体魄。

零售转型也需要组织的"健康体魄"作为支撑,兰州农商银行不仅将其作为"本钱",而且作为"隐性增长曲线"。通过组织再造,重新塑造不同层级的角色定位和锻造不同岗位的能力,充分发挥了生产要素中人作为最活跃要素的作用,进而提高技术等全要素生产率,实现了"一子落定、满盘皆活"的局面。

第9章
零售转型的体魄

零售转型本质上是从B2B（企业与企业之间的商业合作）向B2C（企业向零售客户提供服务）的模式转型。这就需要将组织进行"拟人化改造"，变为有血有肉、有情有义的"拟人组织"，与客户平等相待，为客户提供优质服务。

组织是"拟人化"的，但组织中的人是活生生的，什么样的组织环境就会造就什么样的人，什么样的层级和岗位就需要什么样的角色。兰州农商银行"拟人化改造"的成果是，形成了领导班子"头脑清晰"、机关部门"手臂灵活"、基层支行"腿部健壮"的零售转型"组织体魄"。

第1节
头脑清醒

兰州农商银行的新领导班子组建之后，面临着化险与发展的双重挑战，坚定地做出了大零售转型的战略抉择。

大零售业务不同于大额对公业务的逻辑，"对公看专业，零售看组织"。基于这种理念，兰州农商银行新领导班子首先是重塑了"权力观"，"革自己的命"，分别从权力分配、发扬民主和强化党建三个方面进行了组织能力再造。

1.1 重构权力运行体系

组织能力再造的前提，是权力的重新分配。这一点，兰州农商银行的新领导班子看得非常清楚，想得也很明白。发放大额贷款，权力在上不在下；投放零售贷款，权力在下不在上。零售转型，首先需要从领导班子自身的"头脑"里转变。

转变领导班子的"头脑"，核心在于正确"权力观"指导下的权力运行体系的重构。《微贷革命》一书中指出："权力的本质是'心里装着多少人'，做大额业务，做熟人业务，都是服务少数人，是'小权力'，只有服务普惠客群，才是服务多数人，才是'大权力'。"①这种观点与兰州农商银行新领导班子的思想不谋而合，零售转型就是要服务更多的人的"大权力"。而行使"大权力"，既需要领导班子放大格局，也需要领导班子选对行使权力的方法。

领导班子的格局，首先是"一把手"的格局。兰州农商银行的主要负责人在内部会议上讲道："任何组织的发展，领导班子的凝聚力至关重要，领导班子成员是上级任命的，但领导班子管不好，是"一把手"的责任。要想管好领导班子，靠职位的权力不'顶事'，要靠规则和机制。"

在这样的领导带动下，新领导班子很快统一了认识，对权力做了新的定位，主要是思想影响权、规则制定权。

---

① 段治龙：《微贷革命》，中国金融出版社2024年版。

思想影响权

毛泽东曾说："思想这个阵地，你不占领，别人就会占领。"对于零售转型，不仅领导班子的"脑子"要转变，也要让全体员工的"脑子"转变。这种转变，看似无形，实则最为关链。

转型之初，兰州农商银行员工的"思想阵地"极为复杂。有的员工还停留在过去的惯性思维上；有的员工身背处分不敢作为；也有的员工看到身边的人受到处分不愿作为；还有的员工则比较茫然，看不到未来。

针对这种情况，思想高度一致的领导班子从各自分管的角度，一方面，通过会议宣传、座谈讨论等方式，做好员工的思想引领工作；另一方面，以"点上突破、带动全局"的方式，树立先进典型代表，通过绩效激励、表彰奖励、职务晋升等方式，结合案例教学等，让大家看到了身边的榜样，以此为标杆，带动更多人自觉自愿地加入零售转型队伍。

规则制定权

要想让零售转型完全入脑入心，变为一种新的常态，光靠思想影响也是不够的，必须"从'根子'上固化，不仅是领导班子固化，而且要从基层和员工固化"。

这就需要依靠制度、流程和系统的力量。而统筹此三者的，就是规则制定权。领导者是少数人，零售业务面对的是千家万户，仅仅依靠领导是办不成事的，做不了零售转型。领导者需要定好规则，做好授权，发动群众，再借用科技的力量，才可能做好这件事情。

可见，兰州农商银行新的"权力观"和权力运行体系，就像《在悖论中前行》一书中写的那样："在制度与流程面前人人平等，每个人都是制度、流程的'套中人'，企业家必须自觉'钻套'——让渡无边的权力于制度和流程，使权力在笼子中'有牙运行'。"[1]这种权力运行的本质是

---

[1] 田涛：《在悖论中前行》，浙江科学技术出版社2024年版。

驱动兰州农商银行从依靠领导向依靠理性迁徙。

在这种权力的运行下，兰州农商银行逐步从"火车快不快、全靠车头带"，转变为"员工推着领导往前走"，领导者不再参与具体事务，不再"骂人"，不再"唱黑脸"，一切运行在既定的轨道上，"企业家无所事事，企业井井有条"。

甘肃省农信联社主要领导在兰州农商银行调研的时候，了解到"一把手"把权力充分授权下去，依靠规则和机制"管权"和"行权"，对该做法给予了充分肯定。这份肯定是对兰州农商银行领导班子的最高褒奖，而其背后是"逆人性"和"升维"的两大底层逻辑。

"逆人性"是因为对于权力的控制、不愿手中的权力流失是最符合人性特征的，也是大部分管理者最为在意的事情，而兰州农商银行的领导班子恰恰是"反其道而行之"。

"升维"是用对待权力的态度认识高维，降维处置零售转型中的各项问题。

这"两大底层逻辑"重塑了兰州农商银行领导班子的"权力观"，进而从"权力运行体系"这一根本体制的角度，推动了零售转型的顺畅进行。

1.2　"民主办行"

兰州农商银行"一把手"将权力让渡出来，重点抓更加高维的"思想影响权"和"规则制定权"，那么，权力去了哪里？权力到了各种机制当中。各种机制的具体体现是，权力交给方向、交给班子、交给基层。

交给方向

按照甘肃省农信联社党委"21字"工作总要求①和甘肃省农信联社主要领导在兰州农商银行调研时做出的"做好排头兵、加快发展、全力化险、从严整治、强化合规、关爱员工、团结一致向前看"的工作指示，围绕"公司治理良好、业务经营稳健、风险防控有效"的高质量发展要求，遵循"急用先行、分步实施，稳步推进、落地见效"原则，兰州农商银行确定了"发展、化险、改革、安全"四大任务和零售转型战略目标，制定并践行了"调结构、促转型、抓投放、提收益、控风险、保落实"的"18字"经营方针，将"做小、做散、做优"和结构调整作为业务经营的核心内容。

交给班子

兰州农商银行将党的组织写入相关章程，并实行"双向进入、交叉任职"、"三重一大"决策等重大制度，形成了"图表式"行权和"流程化"权力清单，构建了"党委坚强领导、股东大会依法行权、董事会战略决策、监事会依法监督、经营层授权经营"的公司治理架构。

在此基础上，又在综合改革试点启动大会上，确立了"思想认识、行动步调必须上下高度一致，综合改革、业务经营必须统筹协调推进，主体责任、工作职责必须全面靠实到位"的"三个必须"原则。

在经营管理和零售转型推进过程中，全面实施党委统一领导下的班子成员分工负责制，做到了"两个明确"：明确了党委牵头抓总、班子各司其职、分层请示汇报的日常运营机制；明确了支行对接经营条线、职能部门对接分管领导的常规工作机制。

"三个必须"原则和"两个明确"机制的建立，确保了"层级管理、

---

① "21字"工作总要求的内容为：强党建、促发展、化风险、严整改、抓合规、增效益、真关爱。

条线管理"机制在改革试点统筹推进、日常经营管理中得到有效落实，突出解决了排队汇报、签字背书、流程烦琐以及人浮于事、机制不畅等问题。

交给基层

兰州农商银行实行"一级法人、授权经营"的管理体制，并构建了董事会向高级管理层、高级管理层向部门负责人及支行负责人分级授权的经营管理模式，形成了"权力起源清晰、运行畅通、行权规范"的授权管理机制。

每年年初，根据上年运行情况，该行会对纵向、横向授权书进行及时调整，引导全行员工在基层支行的舞台上尽情施展才能。正是有了这样的平台，该行员工的"无穷智慧"才得以充分挖掘，"无穷力量"才得以充分发挥。

权力是最有效的激励资源。通过"三个交给"，兰州农商银行充分体现了"民主办行"的经营特色，由此，将各方资源得以充分整合，将各方的积极性得以最大化激发，形成了众志成城、齐心合力抓改革、促转型的工作局面。

1.3 "强党建"

零售为标，党建为本。要想把这将近2000人的队伍整合在零售转型的大方向上，除了充分授权，还必须有那么一股子"精气神"，这就必须从更加根本的思想政治层面做起。

为此，兰州农商银行将党建工作与零售转型充分融合，学习应用"红色金融思想"，推出"963"党建模式，探索党业融合新路径，用零售转型的实际行动，将甘肃省农信联社"21字"工作总要求的第一要求落到了实处。

红色金融思想

兰州农商银行党委将零售转型作为传承党的精神、落实党的政策的一种金融实践。因此，在指导思想上，要求员工努力学懂弄通各项党的精神和中国革命史，特别是学好《毛泽东选集》等著作，将"学懂弄通"体现在零售转型工作上。

这种实践经验表明，中小银行的零售转型与党的革命精神是相通的。革命时期，对中国社会各阶级的分析，就相当于零售转型中的客户定位；思考"红色政权为什么能够存在"，相当于是做市场竞争的策略解析；"三湾改编"是体制变革、人性管理的有效指南；"矛盾论"提供了应对各类不确定性的方法论；"论持久战"更是坚持零售转型长期主义的直接参照。兰州农商银行正是因为将这些"宝贵财富"挖掘出来，充分地应用起来，才把广大员工的积极性、创造性激发了出来、调动了起来。

"963"党建模式

在"红色金融思想"的指导下，兰州农商银行在党建工作的方法论上做了积极的探索，形成了"963"党建模式。"9"是通过"九强"方式强基固本，达到"打铁还需自身硬"的要求；"6"是通过"六抓"的方式锻造队伍，让"关键少数"发挥关键作用；"3"是通过"三突击"的方式解决发展中的突出问题，体现党业融合的实际效果。

"九强"是指强理论武装、强组织建设、强责任落实、强研究整改、强检查考核、强书记、强帮扶、强质量、强业绩。其中，"前五强"主要是对党委领导班子自身的要求，"后四强"是针对党总支、党支部的建设要求，目标是发挥党委"龙头"作用和党总支、党支部的战斗堡垒作用。

"六抓"是指抓学习教育、抓作风建设、抓基层服务、抓教育管理、抓示范引领、抓业绩指标。"六抓"是对总行和一级支行两级机关部门人员和全体党员的要求，目标是发挥这两部分群体的表率作用。

"三突击"是指突击抢占人才高地，赢得发展主动权；突击抢占市场高地，坚决打赢转型发展攻坚战；突击抢占形象高地，持续净化发展环境。"三突击"面向全体员工，并通过党业融合的方式，按照金融专管员的标准，锻造每个员工的服务意识和服务能力。

可以看出，兰州农商银行"强党建"的方式是以"强党委""强支部""强党员"的方式，带动"强队伍""强执行""强作风""强业绩"，核心是以党建工作的"纲举"，实现业务发展的"目张"。相比于一般的做法，这种方式对于零售转型推进更为根本、更为彻底，也更加有效。

党业融合抓手

"强党建"工作的推动，是一个复杂且系统的工程，贯穿于零售转型的全过程。兰州农商银行"强党建"的关键抓手是党业融合，将党建工作与业务经营充分融合，专门制作了"'强党建'作战图"，将各类参与主体的不同任务、不同标准、不同要求，以列表的方式展示出来，并组织承诺践诺活动，再按照党建工作考核评分表进行验收，形成"承诺—践诺—兑现"的闭环体系。

通过各个党总支、党支部的因地制宜、层层落实，兰州农商银行形成了许多特色鲜明、效果明显的做法，实现了"以党建带发展、以党建促落实"的目标。下面，我们通过一个案例来了解一下。

西固支行党总支的"农金夜校"

西固支行党总支下辖12个党支部，共有96名党员，党员人数占全体职工的46%，并且实现了网点全覆盖。西固支行党总支经过与西固区党委、区政府的充分交流汇报，达成了联合创建"农金夜校"党建品牌的共识。

顾名思义，"农金夜校"中的"农金"突出兰州农商银行的独家特色，"夜校"突出社会责任的目标取向，具体的工作主要是党建引领、业务拓展、联建共建三个方面。

党建引领方面，主要是实现"三个强化"。一是强化组织架构，重点是成立三支党员先锋队，分别为贷款营销先锋队、不良清收先锋队、强农兴农先锋队；二是强化思想认识，重点是持续组织开展"红色晨会""红色晚自习"等活动；三是强化组织管理，组织开展"星级党支部"评定工作，做好一级支行中层管理人员的竞聘与奖惩工作。通过"三个强化"，将过去的党建与业务"两张皮"现象，转变为"党建引领、业务发力"的新模式。

业务拓展方面，主要是实现"三个助力"。一是金融专管员助力乡村振兴，西固支行党总支及所辖党支部与13个乡（镇）街道签订联建共建协议，派驻银行人员担任金融专管员，对辖内40个村、67个社区实现全覆盖。二是"农金夜校"助力金融普惠，结合农民"日出而作、日落而息"的规律，利用夜间农闲时间开办"农金夜校"，专门设计了品牌标识，制定了工作细则，打造了分布在不同社区、村委的"校址"，并聘任区农业农村局局长为特邀顾问，在做好金融知识教育的同时，宣讲信用村建设、"整村授信"等政策。三是"包村联户"助力"三农"发展，以辖内各基层党支部为单位，通过基层党建书记项目、政银对接会等措施，助力金沟乡百合种植农户、河口镇温室大棚改造等项目。截至2024年10月，先后评定信用镇5个、信用乡1个、信用村31个，完成评级授信6260户，授信金额为7.9亿元，发放个人贷款为4.8亿元。

联建共建方面，主要是实现"三个推广"。一是推广"党建+金融+司法"模式，举办疑案论坛、阳光法庭、联合主题日、观摩听证会等活动，提升员工的法律专业能力，组织不良资产清收处置专项会，用"真金白银"收回不良资产。二是推广"红色连心桥梁"模式，辖内党支部与企业方、市场管理方建立合作，投放小微企业贷款；与社保局等政府部门共建，争取代发养老金等项目；与街道、村委共建，保证征地款留存和协助发放。三是推广"承诺践诺"先锋引领模式，设置党总支党员责任区，组织党员"承诺践诺"活动，并且签订"军令状"，"扛起战旗"认领任务，有的党员认领任务能够达到平均水平的两倍以上。

"强党建"的实践证明，党建工作并不是"务虚"，而是一种维度更高、视野更广、能力要求更高的"务实"，相应地，也更难做到。人性当中都会天然地去选择做简单的事情，过去做大业务、赚快钱就是典型的表现。做零售转型，则是做复杂的事情、短期难以见效。如果没有"强党建"的核心支撑，没有核心价值观的坚守，没有党的领导居中统筹推动，很难将这一"难而正确的事情"变为现实。

因此，兰州农商银行的"强党建"不是站在主席台上的慷慨激昂之词，也不是挂在墙上的宣传口号，更不是记在笔记本上的斑斑字迹，而是强在坚守定位，强在苦干实干，强在用"实"的零售转型成果体现"强"的党建成果。

第 2 节
"手臂灵活"

兰州农商银行的"最强大脑"保持着思想一致且高度清晰，但毕竟只是领导班子几个人，还需要机关部门做好参谋、辅佐和推动等工作。总行对于机关的部门定位不仅仅是"五官"，不仅仅是听听、看看、闻闻、尝尝就可以，而是进一步定位为"手臂"，机关要和基层支行的广大员工"一起动手、丰衣足食"。由此，对于机关部门的能力要求也发生了相应的变化，更主要地体现在理解力、胜任力和协调力的锻造上。

2.1　理解力

如果你和兰州农商银行的部门负责人交流，会有个非常明显的特点，那就是理解力非常强，张口就是总行决策背景，闭口就是基层实际，可以说是"门儿清""倍儿通"。这是由于兰州农商银行基于"管理，向前一步"的理念，部门人员也有一种刻意练习的意识。

人们经常讲决策与执行，其实这种讲法少了一个环节，那就是理解，应该是"决策—理解—执行"，只有充分理解了决策意图，才能更好地执行，才能执行到位。兰州农商银行对于机关人员的要求是"三个理解"，即理解政策、理解领导、理解一线。

理解政策

这是要提高工作的维度，站在全行的高度看待本部门的工作，而不是仅仅站在本条线、本部门的角度去推动工作。只有将本部门的工作摆到全行的零售转型大局中，在方向一致的前提下，才能更好地各司其职、相互配合。因此，兰州农商银行几乎没有"部门墙"，互相推诿的现象也很少。因为大家不敢这样做，谁这样做，谁就是在破坏更多人共同认同的事情，没有人愿意将自己孤立在大家之外。

理解领导

机关人员和总行领导近距离接触、长时间一起办公，可以通过正式或非正式的交流，把领导班子和分管领导的思想充分领会。在此基础上，重点是做好"转化"：原汁原味地传达，尽心尽力地实现。在这种交流与实践当中，机关人员无形中也提升了自己的认知，锻炼了自己的能力。

理解一线

兰州农商银行倡导机关人员要尽可能多地去一线，做好专业辅导、专题调研等工作。正如前文所述，兰州农商银行提倡一种工作理念：会议室里只能做解决问题的方案抉择，但真正解决问题的现场在一线。因此，机关部门既要深入了解一线的情况，也要做出多种问题的解决方案以供领导抉择。

理解是一切能力发展的基础。兰州农商银行的零售转型是从零开始的，全行员工不理解，机关部门人员一开始也理解不了、跟不上趟，但这都是情有可原的。机关人员距离领导最近，也能最早改变认知，并从不同条线发挥功能，最终实现了带动全行全速转型的效果。

2.2　胜任力

理解是前提，胜任是关键。所谓"胜任"，就是在某一领域、某一岗位的能力足以担当应该承担的责任，可以轻松拿捏各类专业、复杂的问题。兰州农商银行根据零售转型的需要，先后进行了多次部门岗位调整，不断甄选和适配机关岗位人员，让有限的人才发挥无限的价值，让能干的人才多干点事情。

因人设岗

不同于管理学上的因岗选人，兰州农商银行在部门改革当中，实际上是用因岗选人和因人设岗相结合的方式。转型之初，兰州农商银行真正理解零售原理的员工并不多，在零售领域具有精通造诣的人才也很少。因此，单纯地因岗选人具有不切实际的问题，除了科技岗等专业度极高的岗位是通过引入人才的方式来实现的之外，大部分岗位还是侧重内部培养和内部选拔。

兰州农商银行先后多次对总行机关部门进行调整。目前，总行职能部门已精简整合为19个。其中，将公司业务部更名为"普惠金融部"，专司"做小做散"的业务；将部门按前、中、后台划分，实行条线管理，充分发挥前台发展业务、中台支撑业务、后台保障业务的职能。

在此基础上，根据发展需要，每年不动态调整职责边界，对各个业务部门的岗位设置和主要工作职责进行优化调整，目的就是通过不断磨合，找到每个岗位发挥作用的最大空间，进而促进内部运作机制更加顺畅。

差异甄别

兰州农商银行对机关人员的考察，注重分层分类甄别。对于机关的中后台部门的正副职干部，突出考察专业能力；前台部门还需要在专业能力的基础上考察协同能力；对于一级支行的正副职干部，更加注重管理能力；对于一级支行的业务部门和二级支行的管理干部，更加注重营销能力。这种考察的方式，最终的目标是"让能打粮食的人多打粮食"，让专业的人干专业的事。

同时，对于正副职的能力要求也有差异，要求"正职负责结果管理、副职负责过程管理、员工负责任务管理"，实现了部门正职、副职、员工三者之间的精准定位和合理分工。

兰州农商银行的这些做法，都是基于领导者经常调研而对各类员工特征比较熟悉，虽然未必在理论上解释得通，但在实践效果上是能够保证发展所需的，可谓"管理无定法，有效即科学"。

2.3 协调力

正如开篇所说，兰州农商银行的零售转型是一个"向死而生"的求索，每一步探索都是"背水一战"，每一场战役都是"硬仗"。从转型初期的绩效考核，到中期的线上产品和应用工具，到现在的集大成者——精细化管理平台，每一个项目都不是一个部门可以独立完成的，每一项任务都需要上下高效配合才能取得预期效果，没有足够的协调力，这些都很难实现。

如果说"理解力"让机关部门将领导者的决策意图变为各类部署安排和政策文件，"胜任力"则让机关人员可以有效应对各个专业领域的各类"疑难杂症"。那么，"协调力"就是将这两种停留在"上层"的能力做好转化和传导，变为支行和员工可理解、可执行、可"打胜仗"的实际能力。因此，"协调力"主要体现在部门之间的左右协调、总部与基层之间的上下协调上。

左右协调

前期，主要依靠领导者的居中统筹，特别是"一把手"的强力推动；后期，慢慢变成机关人员的工作习惯。这里面，主要有几个关键要素在发挥作用。正是有了这些关键要素的保证，部门协同才变成了一种新常态，也锻炼出了机关人员的协调力。

第一个要素是充分授权，领导者越是授权，对部门负责人的激励效应越是明显，越有主动性做到完美效果，这就需要协调各个部门一起做好工作。

第二个要素是过程管理，总行的行办会就是过程管理的主要支撑点，每一项工作走到了哪里，需要哪些部门配合，"谁拉了后腿"，都要及时督促和矫正。

第三个要素是绩效考核，兰州农商银行的机关考核既有关键事项考核（KOI），也有关键业绩考核（KPI），这就将部门之间的利益"捆绑"到了一起。任务完不成，有主要责任部门的处罚，但关联部门也得不到好处，甚至还要承担连带责任。只有任务达成，才能共享成果。

第四个要素是零售文化，包括共同的目标、相同的价值观、趋同的付出等。这种文化当中，有一个前文提到的工作理念需要再次点出，因为它对促进左右协调具有十分关键的作用，那就是：各个部门针对零售转型中的问题，不仅要提出问题，还要给出解决方案；不仅要给出解决方案，而且要给出多个解决方案。

上下协调

总部与基层的协调主要体现在沟通上面。从理论上讲，管理的"浓缩版"就是做好沟通。从实践情况来看，机关与支行人员需要具备同理心和共情力，能够站在对方的角度去想问题、找答案。而且，首先是机关主动与支行"共情"，其次才是支行与部门"同理"。因为总行部门的资源、专业等方面都要优于支行，总行只有将这些能力"加载"到支行，支行才能更好地将能力转化为经营成果。

机关主动与支行"共情"，前提是要理解基层，理解大家的任务压力，理解大家希望得到更多更好的支持的实际需求。总行党委明确要求"各部门负责人要有想法、有思考，不当'传话筒'，对支行上报的事项或部门督促检查发现的问题，要及时处理，积极主动作为，拿出解决问题的办法"。

光有理解也是不行的，还要变成具体行动，还要解决问题。办法就是多往基层走，坐在办公室里解决不了一线的问题，到支行辅导、与员工交流，才能真正了解总行政策、产品、工具的实际应用效果和存在问题的症结，才能更好地做好各项优化整改工作。可见，机关主动"共情"的方式是"利基层"，结果是"利自身"，目的是"利全行"。

支行与部门"同理"，就是支行也要理解总行机关部门的不易。零售转型中，许多事情都是新事物，大家都在探索，有许多措施都是在实践中验证、调整、优化的，很难一次到位，容易出现支行"等不来'炮火'"，或者"等来的'炮火'用不上、不好用"等问题。对此，支行可以探讨问题的解决方案，可以提出不同意见，总行党委公开提倡，"因部门推脱耽搁误事影响效率的，支行要及时反映"，但不允许质疑机关部门工作的"出发点"。

兰州农商银行对于机关部门能力的设定，充分应用了仿生学的原理。人的身体构造当中，手臂最大的特点就是灵活。而兰州农商银行机关部门就像"手臂"一样灵活，灵活的背后是能力组合，原理和冲锋号相同，理解力是"吹动"，胜任力是"调音"，协调力是"发声"，一套组合，最终吹响了零售转型冲锋的号角。

第3节
"腿部健壮"

如果问起"兰州农商银行的零售转型有什么经验"这个话题，大部分人会提起科技应用等。这是典型的"投射效应"，就是将自己的感受投射到他人身上，认为别人也和自己有相同的感受，往往越是缺什么，越要突出什么。科技等因素是兰州农商银行过去的短板，如今只要有点进步，大家就更愿意提起。

其实，兰州农商银行零售转型真正的"长板"是基层支行、一线员工。这就像两条健壮的"大腿"，支撑着兰州农商银行零售转型迈开步伐，快速前行。

3.1　"前线指挥部"

兰州农商银行组织结构为"总部—一级支行—二级支行"的"总—分支"结构。一级支行相当于是"前线指挥部"，既有经营职能，也有管理职能，通过"双管齐下"，最终对业绩结果负责。为此，兰州农商银行主要采取"大支行"定位、差异化管理和侧重管理能力提升三项核心举措来保障这种效果的达成。

"大支行"定位

"大支行"不仅仅是规模大，而且是权力大。"规模大"是指单个一级支行的资产规模比得上甘肃省农信系统法人机构的平均水平。"权力大"是参照许多银行的分行建制，在财务、人事、绩效考核、信贷审批、资产管理等方面充分授权，实现了责权利的统一。

相比于过去独立法人时期，这种设置，责权利基本没有变化，但负担更轻了，因为总行承担了产品研发、科技建设等职责，一级支行的主要任务是将队伍管理好、把指标完成好。

差异化管理

差异化管理主要体现在四个方面。

一是差异化分类，按照支行属性、经营特点、管理规模等因素，将一级支行区分为ABC三类。

二是差异化配置干部，按照 A 类支行一正四副、B 类行一正三副、C 类行一正两副的职数选优配强支行班子。

三是差异化设置内设部门，每一类支行的共性部门是综合管理部、业务发展部和风险合规部，分别履行保障支行日常事务、业务拓展和风险把控的职责。在此基础上，大一点的支行增设一个财务会计部，增加一个业务部。增设财务会计部的目的是实现精细化核算，而增加一个业务部门是实现两个业务部门的相互 PK。

四是差异化设置不同考核指标和考核权重，对应不同绩效等级系数，一级支行班子成员绩效考核与所在支行等级系数挂钩。

侧重管理能力提升

在这种体制和考核模式下，对一级支行班子成员的能力要求主要是管理能力。这里的管理能力主要是指带队伍、"打胜仗"的能力，而不仅仅是个人的营销能力、专业能力。一级支行班子成员只有将自身的能力和资源输送给所辖支行和干部员工，提升他们的能力，辅助他们完成任务，才能完成自己的任务，才能实现自身收入的"水涨船高"。

兰州农商银行党委明确提出，对于一级支行行长的要求是，"支行行长不能把自己定位成'把方向'的人，朝什么方向走的问题党委已经确定了，你的职责是带领支行员工队伍逢山开路，遇水架桥，勇往直前，穷尽手段和思路完成各项工作任务"。对一级支行其他班子成员的定位是，"执行作战计划，一心抓好落实的条线'指战员'"。

在具体实践过程中，各个一级支行逐步探索出了贯彻总行会议精神和落实有关政策的成熟经验，虽然每个地方情况不同，做法也不尽相同，但具有共性规律，可以将其提炼为"七步法"。这"七步法"基本展示了一级支行贯彻总行部署、带领员工执行任务的全过程。

一级支行工作"七步法"

第一步：领会意图。一级支行将总行会议上的领导讲话、总行印发的重要文件进行充分学习和吸收。主要是由一级支行行长、分管条线班子成员和综合管理部负责人承担这项工作。

第二步：绘制表格。围绕这些讲话精神和文件要求，采取清单式表格的方式进行陈列，主要是思想提炼、项目归类、工作要点、明细项目、具体工作措施、责任人、包抓领导等。这一步的主要牵头人是一级支行的行长，涉及相关条线或者支行的，邀请有关人员参与其中。

第三步：用数字说话。针对表格陈列内容，调取历年数据、当下数据、同业数据等，进行细化测算，量化每一项工作的细项。此项工作主要由财务会计部和业务发展部的人员来承担。支行主要负责人重点是找到各项任务之间的关联度，找出"牛鼻子"任务或者指标，争取达到纲举目张的效果。

第四步：班子讨论。将前期准备的材料提交一级支行党总支会议讨论，反复研究，确保目标可实现、路径可执行。最终形成分时间节点、分任务种类等维度的"作战图"，张贴在办公区域，执行"挂图作战"。

第五步：充分宣讲。组织所辖员工召开内部宣讲会、辅导会，一般至少两场会议。第一场是一级支行层面的大会，主要是围绕"作战图"想办法、定策略、找路径，不要求速战速决，召开场次根据实际情况而定，直到意见充分达成、措施完全确定、目标可以看见为准。第二场会议是二级支行层面的会议，由一级支行的包片领导、条线负责人参与，与二级支行的员工一起研究落实措施，并做好现场辅导，让每个人明白往哪里努力、做什么工作以及如何赚钱。

第六步：一线督导。在二级支行的工作推进过程中，包片领导、条线负责人要持续跟进，对照"作战图"看进度、追责任、做激励。任务完成得好的，序时激励，好的经验与大家分享；任务完成得不好的，及时找到问题，迎头赶上。

第七步：成果反馈。工作部署是从上至下一级一级传导的，执行的环节需要大家一起参与，并从下而上反馈，工作成果则主要是通过数据直接反映。

在军事行动中，"前线指挥部"负责直接指挥作战，既要贯彻后方指挥中心的部署，又要掌握部下的实际情况，还要随时关注整个"战场"的变化。兰州农商银行对一级支行的定位与此高度吻合，就是要将一级支行打造成为零售转型的"前线指挥部"。

3.2 "班长的胜利"

华为公司CEO任正非曾经讲过这样一句话："未来的战争，是班长的战争。"为什么一个高科技的科技巨头没有强调技术、人才，反而是强调"班长"的作用，这值得每一个企业经营者认真思考。从兰州农商银行零售转型的实践来看，这句话是一句至理名言。无论领导多么英明，产品多么给力，科技多么先进，最终都是需要"人"去落实的。而有人落实，就需要团队，就需要"班长"发挥作用。

在兰州农商银行，这些"班长"，主要分为两类。一类是一级支行的业务部门负责人，一类是二级支行的行长。相比于总行领导和机关部门负责人，他们最了解一线情况；相比于一级支行班子成员，他们更注重实际执行；相比于一般员工，他们又更有思维高度。在全行当中，他们大概占十分之一，但在一个支行、一个阵地，他们又是灵魂人物。因为他们不仅要"打仗"，还要思考；不仅要管"冲锋"，还要管保障；不仅要让其他人往前冲，还要自己带头上。

汇总起来，这些"班长"主要承担两项职能：一是营销，二是管理。由此，他们主要担当两个角色：现场管理的决策者和现场问题的解决者。

营销带头人

这些"班长"需要带领自己的团队在本支行的网格内精耕细作、全面渗透。这一过程中，他们需要"跟我上"，而不是"给我上"，通过身先士卒，率先垂范，打出样子，做好榜样，用自己的行为去感染和带动大家。

而在"战果"分享的时候，他们需要"后退一步"，把利益和荣誉让给员工；在责任承担的时候，他们又需要"向前一步"，主动挑起"大梁"。

直接领导者

在管理方面，这些"班长"主要是做好"直接领导者"的角色，他们与员工待在一起的时间最长，一举一动都会影响到员工的思想和行为。他们也最了解每个人的长处和短处，知道每个人更适合什么岗位，采取什么管理方式更有效。

基于这样的描述，你可能会有一个疑问：那么，这些"班长"多是付出，少有回报，为什么还要担当这个角色？答案很简单，就是四个字：成长价值。一方面，这个岗位是向上成长的必经之路，要想实现干部提拔，到更大的舞台，必须要有二级支行负责人的工作经历；另一方面，这个岗位最能锻炼人的全方位能力。

下面，我们以安宁十里店支行为案例，了解一下这些"班长"的实际工作情景。

安宁十里店支行"四问"工作法

安宁十里店支行现有员工8人，小刘担任支行行长，另有运营主管1名、客户经理2名、综合柜员2名，还有大堂经理和安全员各1名。按照总行董事长经常说的一句话："小舞台上唱大戏，大舞台上小角色。"该支行逐步在实践中摸索出了"四问"工作法。

一问"谁带头"。十里店支行党支部成立于2023年8月，党员有4名。虽然党员人数少，且为联合党支部（与东路支行联建），但该有的活动"一次都不少"，该有的成果"一样也不落"，该有的担当"一点都不差"。

一是党员必须做任务指标的突击队，刘行长和东路支行负责人带头承担两家支行存款和贷款任务的50%以上；二是党员大会、主题党日、集中学习需要加入日常业务的交流汇报，涉及重点业务推进的，还要制定党员任务；三是金融专管员要"扛大旗"，与街道办事处书记、社区居民委员会主任"做朋友"，与辖内居民"唠家常"，不厌其烦地在辖内"刷存在感"，不定期地"蹲守"式拜访街道领导。

因此，"谁带头"这个问题的答案就是行长带头、党员带头。

二问"干什么"。十里店支行一直存在存款结构失衡、大户依赖度较高、有效客户占比较低等问题。因此，该支行最终将工作方法确定为稳存稳增调结构、稳扎稳打提质量、做小做散拓客户、线上线下齐发力。

零售存款方面"三箭齐发"。一是做好全员营销，制定全员营销任务，做好绩效激励方案，营销业绩上墙公示，利用晨夕会组织员工做好管户客户资金盘点，及时跟进回访营销。二是同等重视散户与大户，尽力降低付息率。三是争揽源头资金，重点是存量代发维护、本年新开对公账户完成代发、存量社保卡代发替换等。

零售贷款营销方面，用好总行提供的各类产品和工具，以此扩大"老带新"的效果。与已授信客户协商，每月在其朋友圈、商会、上下游业务群等用微信群发布"金城快贷"等产品信息，让老客户做自己的下线。

对公存款方面，重点是加大信贷客户的资金归行率管理，将其日常结算、代发等情况列为续贷的依据条件。

普惠小微贷款方面，从存量对公账户入手，从之前单纯"要结算"转变为"贷款、结算互促互进"，从单一产品营销，拓展为零售、普惠产品全方位营销，从单个客户营销，扩展为上下游"链动营销"。

因此，"干什么"这个问题的答案，不仅仅是完成多少任务，而且要做好全盘统筹，实现整合效应。

三问"如何干"。以"业务本领就是天"为工作理念，调动各个岗位齐上阵、齐发力。

柜面运营要做到对任何业务的新变化必须第一时间学习知晓，对业务差错"零容忍"。

贷款投放方面，每天晨会后组织开展线上贷款调查录入交流，规范上传标准，针对不同群体类型客户，明确风险把控和调查发放标准，努力做到营销调查的贷款，保证两个工作日发放。

普惠小微贷款方面，克服本领恐慌和畏难情绪，行长带头参与贷款调查发放全流程，硬着头皮，不懂就问，不会就学。最多的时候，连续3天加班到凌晨，看制度，看《中华人民共和国公司法》，查第三方信息、分析报表，评估抵押物价值，写调查报告，直到尽调组卷上会，1周内完成担保落实和发放。

因此，"如何干"这个问题的答案是，只要下定决心，肯钻研，按照规定制度及流程，就可以做到更好。

四问"怎么推"。将支行的工作看作是一次又一次的"赶考"，总行"出卷"，一级支行教导，二级支行作答，"考试科目"就是各项任务指标。

每一项任务、每一次竞赛，都要制定详细方案，匹配详细的奖励方案，定期召开绩效分析会，明确和跟踪每个人的绩效目标，重点是给大家算细账，如拉多少存款能拿多少挂价、存量守不住会扣多少等等。不仅要能"画饼"，还要带着大家"吃到""吃好"这块"饼"。

因此，"怎么推"这个问题的答案是，行长辅导和有效激励。

如果把零售转型比作一场战略"大决战"，那么，就需要每个"班长"带着团队打赢一场又一场的"战斗"。正是因为一个一个"作战单元"的火力全开，蚕食阵地，赢得了"班长的胜利"，兰州农商银行的这场"大决战"才有了基础保证，才加快了胜利的进程。

3.3 金融专管员

"班长的胜利"背后，是广大员工的付出。无论是外拓营销，还是厅堂服务，每一个真心付出的员工都在自己的岗位上尽职尽责，成为兰州农商银行"最可爱的人"。

员工队伍当中，有一支特别的队伍——金融专管员，他们不仅能够代表"老农信"精神，也能反映出零售转型中员工的精神风貌。

2022年，兰州农商银行推出了担当党建引领、金融普惠、乡村振兴三大重任的"金融专管员模式"。所谓"金融专管员"，就是以实现社会责任目标为主，以实现银行自身经营目标为辅，通过承担社会责任，带动业绩增长的一支兼顾公益性与经营性的队伍。

通过积极与市、区两级政府沟通，兰州农商银行系统性、成建制地委派业务骨干前往村镇、街道担当金融顾问，负责区域信用体系建设及金融知识的宣传工作，承担起银行与基层政府之间的桥梁作用。

不同于传统政策性质的挂职锻炼，金融专管员能够更深入地将金融知识传递到田间地头，也能及时地将区域金融需求反馈给兰州农商银行，在信息传递上呈现出"及时、高效、准确"的特征，为该行开展党政机关、小微企业党建联建工作奠定了基础，将原本存在的"人熟地熟"的本土优势进一步扩大。由此，这一模式于2023年被甘肃省农信联社以"金融助理"的形式面向全省推广。

为了将这支队伍打造成为党委政府靠得住、老百姓信得过的"金融铁军"，兰州农商银行党委从四个方面专项部署，并与党总支、党支部从各自角度对接资源，开展联建，形成了与驻地党委政府、社区街道、乡镇村委等不同层面的"组织共建、经济共振、信用共树、资源共享、人才共育、志愿共帮"的全方位合作。

制度保障

兰州农商银行专门出台了《"金融专管员驻一线，办好实事促振兴"专项工作方案》和《金融专管员管理办法》，以此引导各个支行将自身工作摆到当地经济社会发展的大局中，用金融的方式帮助地方党委政府解决发展难题。

加强培训

金融专管员做金融是专业的，做社会事务是不专业的。为了补上这块短板，兰州农商银行先后多次邀请甘肃省国资委、甘肃省农业融资担保有限公司等领域的专家为该行员工做好形势、政策等方面的培训，增强金融专管员"跳出金融做金融"的本领。

党建联建

"名不正则言不顺，言不顺则事不成。"为此，兰州农商银行协调各级党委政府聘任金融专管员，并通过会议、文件、公示等方式传达，让金融专管员具备了双重身份，一是兰州农商银行员工身份，二是政府办事员身份，这样便实现了身份上的专业性与公信力的统一。

保障赋能

总行为金融专管员提供了各类履行职责的产品、工具和履行职责的条件，并组织庄严的"金融专管员承诺践诺"活动，以此保障金融专管员真正成为体现"政治性、人民性、专业性"的金融队伍。

下面，我们引用甘肃省农信联社宣传部推广的一个金融专管员的先进案例，以此来了解一下金融专管员的履职情况。根据表述需要，在保证主体内容不变的情况下，该条例略有修改。

"养老金融"从助餐点建设做起[①]

小任是兰州市武威路社区的金融专管员，是甘肃省农信联社金融助理队伍中的一员。根据服务区域内老年人居多的现状，经过充分调研，小任确定了从养老助餐点切入、在服务好老年

---

① 引自微信公众号"甘肃农信"，2024年10月28日。

人的同时探索养老金融的可行方式。

这一想法得到了七里河支行的大力支持，在与七里河区民政局合作后，相关部门推动了社区养老食堂场景建设。七里河支行专门打造了"一站式"服务平台，提供从用餐系统建设、助餐补贴管理、综合支付、多级对账等全流程、全链条的金融服务，实行金融专管员现场驻点模式。驻点过程中，小任主要做好以下三项工作。

一是组织志愿者活动，为老年人提供免费送餐、心理疏导等服务，还发起"关爱老人，从一顿饭开始"的公益活动。二是定期为老年人宣讲反电信诈骗等金融知识，用老年人案例的方式，给他们讲解他们关心的各种金融话题。三是利用"背包银行"展业工具，及时为行动不便的老年群众办理IC卡和社保卡激活等业务，并引导老人使用刷脸方式支付餐费。

通过这种模式，小任累计营销智慧养老助餐点5户、供应链源头商户1户、智慧场景6户，累计营销存款3200万元，贷款2760万元，激活社保卡120张，办理掌银105户，开通飞天e生活50户，营销信用卡51张，营销新增开立对公账户5户。

由此，小任先后被七里河区人民政府金融办公室评为"优秀金融专管员"、被兰州农商银行评为"十佳金融专管员"，还被甘肃省农信联社授予"优秀金融助理""业务营销能手"等荣誉称号。

这支"红色铁军""练就铁脚板、做实网格化、善用大数据"的能力，穿梭在大街小巷，服务于城市农村，成为兰州最靓丽的一道风景线。截至2024年末，兰州农商银行共计派驻人员333人，涉及兰州市48个街道、156个社区，基本实现了辖区全覆盖。由此，带来的街道社区类账户共计643户、32.2亿元。

"一旦掌握了组织各个层次的行为逻辑和规律，你就能站在高处，顺势而为，游刃有余地解决组织中遇到的各类难题，成为一个积极乐观的行动派。"[①]兰州农商银行将组织建设作为零售转型的基础支撑，并以"头脑清醒""手臂灵活""腿部健壮"进行"拟人化改造"，不仅找到了组织各个层次的行为逻辑和规律，而且真正成为一个积极乐观的"行动派"。以这种状态来推进零售转型，没有到来的未来已然清晰可见。

---

① 李育辉：《李育辉组织行为学讲义》，新星出版社2021年版。

第5编

展 望 编

"**革**命尚未成功，同志仍需努力。"兰州农商银行过去五年的零售转型之路，打下了坚实基础，取得了明显成效。但这注定是一条只有更好、没有最好的探索之旅。

在这样的探索过程中，需要适当停下脚步，放空自己，为更好地前进积蓄新的力量。电视剧《功勋》中有一句台词非常适合当下的兰州农商银行——"灵感是熬夜熬不出来的"。经过五年的苦干实干，终于到了寻找灵感的时候了。

寻找灵感，首先要全面、系统、彻底地总结经验。解码兰州农商银行过去五年零售转型的核心密码，可以概括为三句话：大零售转型、精细化管理、数字化驱动。

大零售转型是从资产端切入，核心是提升有效客户基数，以1000万元以下普惠小微贷款和500万元以下个人贷款为主攻方向，牵引各项业务全面优化，带动兰州农商银行走上新的发展道路。

全体系推动是从党建、人力资源、绩效、财务等全要素角度进行强化和创新，并通过精细化管理平台进行固化和优化，以提升管理效率，促进零售转型效能的提高。

数字化驱动是从两级法人管理体制的实际出发，借力甘肃省农信联社和外部机构的智慧和力量，从"业务—管理—决策"三个角度进行全面数字化转型，以数字化驱动业务升级、管理优化和组织进化。

经验是最好的老师。五年的零售转型，积淀了宝贵的经验财富，表现为"多快好省"的典型特征，需要进行认真总结。总结的目的不是用老办法去解决新问题，而是要提炼出过去经验背后的逻辑和规律。

随着时代的发展，形势会变化，技术会变化，客户也会变化，一切都会变化，但总有一些不变的东西，那就是这些经验背后的逻辑和规律。只有遵循这些不变的逻辑和规律，才能应对未来的各种变化。

展望未来，兰州农商银行的零售转型充满了无限可能。

短期看，经过充分的积淀，已经到了"见证奇迹"的时刻。

长期看，这件"难而正确的事情"已经过了最难的时候，未来的"难"，"难"在坚持。

内部看，零售转型带动了全行整体优化，下一步需要提升维度，向"文化"要生产力。

外部看，银行形态正在发生变化，外部环境日趋严峻，需要发挥本土优势，用"价值共生"对抗不确定性。

转型是"开场"，升级是"接场"。兰州农商银行未来真正的考验，并非外部环境，也非同业竞争，而在于战略定力能否坚持下去。唯有将零售转型进行到底，"争做小池里的大鱼，不做大池里的小鱼"，才能赢取长期的胜利。

兰州农商银行的未来，也是全国中小银行的未来。因为中小银行的零售转型，起点不同，但终点相同，虽然兰州农商银行的转型起步较晚，但数字化拉平了与"先行者"的距离。因此，兰州农商银行"接场"展望，也为全国中小银行提供了一份"兰州智慧"和有益参考。

第10章
金城所至，金石为开

兰州自古以来地缘战略险要，历史文化深厚，因"固若金汤"而被称为"金城"。

兰州孔子文化研究会副会长王立仁先生曾称金城人民为"集凿山之力与绣花功夫于一身"[①]的优秀群体。

"生于斯，长于斯。"兰州农商银行全体员工也是这一优秀群体中的重要组成部分，零售转型就是"凿山之力"与"绣花功夫"有效结合的具体实践。

而这种实践的背后，是用一颗"精诚"之心，锻造"金城"系列金融品牌，就像横跨在黄河上的中山桥一样，稳固地连接起银行与客户的关系。

---

① 引自兰州新闻网《寻根溯源　重新认识兰州地域文化〈兰州文化——河陇文化的兰州视角出版发行〉》，2023年3月23日。

第1节

开场："多快好省"的躬行实践

宋代陆游在诗中写道："纸上得来终觉浅，绝知此事要躬行。"对于零售转型的重要意义，许多银行都能认识到，但真正能够做到的，其实并不多，原因就在于没有"躬行"，没有亲自实践。

兰州农商银行是零售业务价值的"后知后觉者"，也是兰州各家银行零售转型的"后进入者"，却是零售转型的"坚定躬行者"。因为坚定躬行，才看清了转型路上先行者的"背影"，发现各家银行的优势与不足，进而修正了自己的"姿态"，走出了一条"多快好省"的转型道路。

1.1 多：更多的人员参与

转型伊始，兰州农商银行的决策者反复思考一个问题："兰州农商银行有什么？"有的银行可以依靠重投入去转型，有的银行可以依靠科技去转型，也有的银行可以依靠时间"慢慢来"。这些条件，兰州农商银行都没有，不仅没有，还需要弥补短板、加快进度。

但是，兰州农商银行有"人"。人力资源是一个非常神奇的资源，用不好，是"人事"，不仅没有价值，还是成本负担；用好了，是"资源"，不仅价值无限，还可以变为竞争优势。兰州农商银行决策者的这种认识虽"土"，却至为实用，因为符合三个基本逻辑。

自身实际的逻辑

与其他银行相比，兰州农商银行"人多"是无法更改的事实。无法更改，就不要去改，而是要想办法"用"起来，将已经投入的人力成本再激活、再利用，保持总数不变，调整优化结构。这不是新的投入，不会增加新的成本，反而容易形成其他银行所不具备的比较优势。

零售性质的逻辑

零售业务的劳动密集特点决定了"人多"是刚需，零售客户又是感性与理性的结合体，兰州农商银行重点服务的长尾客群还离不开人的辅导。

这三个实际情况，决定了零售转型需要"人多"，但更需要"人"的角色转型，从单纯的产品营销者，转变为"金融老师""金融医生"，而不是单纯的"减人"。科技可以释放人力资源，可以代替人做许多事情，但是科技只是工具，关键还在于使用工具的人。

市场竞争的逻辑

相比于其他银行的零售转型，兰州农商银行的零售转型需要更"接地气"，因为"最后一公里"更有优势，"趴在地面上"更加扎实，"肉搏战"更有胜算。由此，兰州农商银行过去五年的转型之路，主要采取了"三步走"的策略，始终没有放弃"人"这个关键要素，而是基于"人"这个主体要素做角色转型、做工具赋能、做能力放大。

第一步是"人海战术"，通过人力资源的结构调整，让更多的人参与到零售转型中，单纯依靠更多的"地面部队"来"占地盘"。

第二步是加入科技含量，用科技的方式，延长客户经历的"眼"和"手"，将"笨办法"升级为"巧妙干"，用科技的手段放大"地面部队"的战果。

第三步是彰显"人+科技"的"双度效应"，以人的温度为"本"，提升客户体验感，以科技的速度为"标"，实现服务客户的高效率，逐步形成"千军万马+金融科技"的成熟范式。

在兰州农商银行零售转型中，"人"是首要和始终的因素。实现更多的人员参与，首先是"有人"，办法是"上下前后法"，即让更多的人从机关的"上"流转到基层的"下"，从柜台里面的"后"流转到一线的"前"。"有人"不是目的，目的是"有人干"，办法是通过企业文化和绩效考核，内外部激励出"干"的内驱力。由此，人数没有增加，但战斗力增加不少，不仅战斗力增强，而且战绩斐然。

1.2 快：更快的办贷速度

对于转型之初的兰州农商银行来说，负债端的问题不是规模太大，而是活期存款太少，资产端的问题则是单笔规模太大、贷款户数太少。有没有一种办法，可以"一举两得"，同步解决这两端的问题呢？兰州农商银行探索出来的办法是"以贷促活"。

解决活期存款太少的问题，方法可以有许多。比如，通过地方关系争取财政类存款存入。但是，这些方式都是不确定的，因为更多是依靠外在因素决定的，自主性不强，不好掌控。

"以贷促活"则是通过大量地发放贷款，以客户按月结息为来源，可以实现活期存款的引流，同时能有效解决贷款户数太少的问题。为此，兰州农商银行将投放大零售贷款作为零售转型各项工作的优先级。

但是，兰州农商银行刚开始零售转型的时候，不仅错过了零售类贷款投放的"最佳窗口期"[①]，而且面临着普惠金融的量、价、险的"不可能三角"问题[②]。因此，在"规模要上""价格要降"和"风险要控"之

---

① 从2013年党的十八届三中全会将"发展普惠金融"上升为国家战略，到2019年大行下沉开始，业内普遍将这段时间称为"中小银行零售转型的'最佳窗口期'"。

② 由于大行下沉的一个主要方式是低价策略，导致具有高风险特征的普惠类贷款在规模、定价和风险三角之间出现失衡现象。

间寻求平衡，成为兰州农商银行投放大零售贷款的核心命题。基于此，兰州农商银行采取了"两手抓"的策略。

一手抓小额零售贷款，主要是20万元以下的个人类贷款，这类贷款由于具有违约成本高、市场面广、风险相对可控等特点，因此，成为各家银行竞争最为激烈的领域。

相比于大行的价格、技术等优势，中小银行在这一领域的竞争几无胜算。但是，这类客户数量庞大，可拓展的空间巨大，是做大客户基数的"主力客群"。也就是说，优势不大，但市场不缺。由此，兰州农商银行打造了标准化产品，配套推出了批量化营销、网格化管理等举措，有力地支持了增户扩面工作。

另一手抓普惠小微贷款，主要是20万元以上、500万元以下的个人贷款和小微企业1000万元以下的贷款。这类贷款由于额度增加而放大了风险的概率，除了少部分优质客户，大部分客户很难单纯依靠线上的方式把控好风险。特别是"个贷新规"的出台，要求20万元以上的贷款必须亲见亲签，这为具有线下优势的兰州农商银行提供了很好的机会。

由于没有足够多的线下团队调查和补充担保条件，国有银行的利率低、城商银行与地方政府关系近、互联网金融速度快等优势，都在这一领域受到大幅度削弱。而兰州农商银行则是采取线下尽调、线上办贷相结合的方式，反而体现出了明显的比较优势；更为关键的是，由于线下的介入，客户经理可以与客户"面对面"议价，这为应对低净息差提供了一种可能。

兰州农商银行的"两手抓"策略中，前者侧重于"量"，后者侧重于"质"，由此，找到了平衡量、价、险三者关系的一条可行方法，并体现出三个典型特征：宽、快、久。

宽：放宽准入门槛

只要不是"黑名单"客户，都是兰州农商银行的服务客群。这种自信，源于兰州农商银行有一支配备了"先进武器"的线下团队，可以通过线下的方式进行强数据的采集和相关验证。

快：用效率对战低价格

这是因为小微客群的资金需求大多是用于流动性资金，"快"是第一需求。兰州农商银行的策略是，价格可以不如国有大行，但效率要高于国有大行。对于普惠口径贷款，尤其是小微贷款，办贷效率不仅仅是科技效率，更为核心的是决策链条的效率。

国有大行的省市级机构在科技方面有总部赋予的优势，但这种完全标准化的"打法"，会排斥掉很大一部分市场，而在决策链条效率方面，则是想做而做不到的。对于兰州农商银行来说，决策链条短的核心优势，不仅可以迅速赶上和缩小与国有大行之间的距离，更为关键的是，可以服务各类客群。换句话说，国有大行的科技优势，兰州农商银行是可以赶上的，而兰州农商银行具有的决策链条短的优势，是国有大行所不具备的。

目前，兰州农商银行将转型前笔均放贷的5天时间缩短到了30分钟。"30分钟"是一个全量概念，对于个人类贷款，实际上只需要几分钟的时间，对于小微贷款，在完成尽调（尽调也有系统监控时间）的情况下，整个流程"跑"下来，也不会超过30分钟。因此，这种"快"，是在既有条件下的"更快"，是在风险可控条件下的"更快"，是能够充分满足客户需求的"更快"。

久：长久合作，不离不弃

国有大行是带着考核指标做普惠小微信贷业务，是和小微客户"做买卖"；而兰州农商银行是基于生存需要做这块业务，和客户是一种"过命的交情"。两者的出发点不一样，所采取的策略也不一样，给客户传递的信号更不一样。

事实证明，除了极少部分客户之外，只要服务到位、跟进到位，客户是能够感受到这两者之间的区别的。因此，兰州农商银行的客户"跳进跳出"的现象也是比较少的。

从实际投放情况来看，2023年，兰州农商银行个人贷款增速（增幅）为15.65%，农户贷款增速（增幅）为24.33%；过去三年，普惠小微贷款投放的年平均增速（增幅）都在30%以上。中国人民银行发布的统计数据显示，截至2024年12月末，普惠小微贷款余额32.93万亿元，同比增长14.6%。可见，兰州农商银行在新的信贷投放模式下的增长速度远远高于全国平均水平。

1.3 好：更好的服务体验

"快"是核心点，"好"才是最终目标。客户需要资金支持，但贷款不是目的，贷款的目的是解决自身的实际问题。因此，兰州农商银行不仅仅给客户提供资金支持，还提供其他金融和非金融服务，不仅做"快银行"，还做"好银行"，让客户在兰州农商银行就能实现"一站式"解决金融问题，并且努力创造非金融服务的"情绪价值"，甚至是"意外惊喜"。

实现这种理想，兰州农商银行的逻辑起点是客户属性。不同于企业客户的理性单一属性，零售客户往往具有感性和理性的双重属性。

理性属性的典型特征是自利性，追求成本最小化、收益最大化，希望存款利率高一点、贷款利率低一点。

感性属性的典型特征是感官性，服务快一点、态度好一点、跟进勤一点、问候多一点、配套全一点等举措都会影响客户的选择。

基于这样的逻辑起点，兰州农商银行采取了理性合作、感性交情的"双管齐下"策略，让客户体验尽可能地好，逐步建立起"好银行"的品牌印象。

理性合作

针对零售客户的理性属性，兰州农商银行区分存贷款的不同特点，采取了不同的服务举措。

在存款端，主要是做了三个方面的安排。

一是围绕客户保值增值的需求，在财务能力可以承载的情况下，尽可能地提高定期存款的利率，满足绝大部分长尾客群没有更好的财富增值途径的需求。

二是开展综合营销，深度"绑定"客户，基本上激活和新增的客户，绑定3个以上金融产品是标配，大部分支行都执行了新增客户绑定5个以上金融产品的标准。

三是搭建客户运营体系，一方面设置客户分层，通过权益配置、场景打造等方式，促进不同层级客户主动进阶的自我激励；另一方面利用AI技术，增强客户经理与客户之间的互动频次。不论是客户自我激励，还是双方互动，目的都是降低单客成本，提高综合收益，以客户"活起来"支撑银行自身"活下去"。

在贷款端，价格是兰州农商银行的一道"硬伤"，因为经营成本很难在短期内降下来。但是，价格是客户付出的成本，价值是客户获得的收益，只要客户的收益大于成本，客户也是愿意接受相对较高的价格的。

兰州农商银行通过帮助客户引流、供应链端降本等方式，或者让客户真正节省下"真金白银"，或者让客户能够增加收入，或者为客户提供非金融服务的增值，最终实现为客户创造价值的目标。

感性交情

除了上述两端的"用力"，兰州农商银行还在其他方面"用情"。如果仅仅为客户提供贷款服务，那就要看价格，而价格是单向的；如果提供综合服务，那就要看价值，而价值是双向的。实现价值的"双向奔赴"，客户经理就是牵引者。这是因为客户可能对一家银行"无感"，但对客户经理的服务非常"有感"。因此，打造一支"有价值的客户经理"队伍是兰州农商银行体现"用情服务"的主要着力点。

由此，兰州农商银行采取多种方式，将客户经理打造成"体验执行官"。通过多种培训和激励方式，增强客户经理的专业素养和服务意识；通过网格化管理、"随手办"工具监测客户经理的跟进情况；推行"金融专管员模式"，提升客户经理的金融为民意识，并注重定期评价；通过优秀的客户经理为客户提供优质的服务体验。

客户体验是零售业务的真正核心，特别是在低净息差时代，良好的客户体验，不仅仅是营销和维护客户的一种方式，也是获得产品溢价的有效手段，更是形成客户忠诚度的关键。这是一项只有进行时，没有完成时的工作。兰州农商银行正走在探索的路上，这种探索永无止境，没有最好，只有更好，但这种探索会产生"滚雪球效应"①，越探索，越精彩。

1.4　省：更低的运营成本

零售业务具有重投入、高成本的特征，而兰州农商银行转型的背景又没有这样的条件，办法只有一个，那就是"省"。"省"的方式主要是两种，一是"复用"资源，二是过"紧日子"。

---

①"滚雪球效应"是指一旦获得了起始的优势，雪球会越滚越大，优势会越来越明显。只要有足够的力气和兴趣，这个雪球会滚成足够惊人的体积。

"复用"资源

"复用"是通信领域当中的术语，意指信道复用技术。这种技术的原理是，将多个信号组合在一条物理信道上进行传输，从而大大节省了电缆的安装和维护费用，并提升了传输效率。

兰州农商银行零售转型也采用了这样的方式，将已经投入的网点、人力资源、客户积淀等资源整合到零售转型的"信道"上面，在节约新的投入的同时，增加了新的收入来源。

"复用"的基础是"信道"选择。过去，兰州农商银行主做大业务，导致有的人干、有的人看，就没法整合在一个"信道"上。现在，推进零售转型，全体总动员，每个人都有参与感，就能有效地整合在一起，容易产生整合效应。

过去，许多银行不愿意做零售业务，主要原因就在于劳动力投入多、单次产出少、回报慢。现在，许多银行都往零售方向努力，是因为科技的进步，让零售业务具备了轻型化的可能。

而兰州农商银行则看到了更深一层的逻辑，那就是其零售转型是将过去"沉睡资产"做了激活，并不是新的投入，反而是根据零售转型的需要，通过网点整合等方式降解了不合理的花销。因此，相比其他银行，兰州农商银行的成本其实是更低的。

过"紧日子"

新的外部环境下，每家银行都在"精打细算"，而兰州农商银行的零售转型就像是在"高空走钢丝"，每一步都务必谨慎，只有过好当下的"紧日子"，才能换来未来的"好日子"。

"精打细算"主要是经历了两个阶段，在促进零售转型的同时，也走出了粗放经营的模式。

第一个阶段是转型初期的"拨乱反正"阶段，主要是压降不合理的费用支出，调整费用支出结构，实现费用的集中管控，为零售转型提供更多财务资源。

第二个阶段是后期的"精细化管理"时刻。这一阶段的集大成者是精细化管理平台，将几乎所有经营和管理职能做了总体统筹，并用系统的方式固化下来，用数据的流通运行起来，形成了新的管理中台的模式。

可见，兰州农商银行的"省"，和农民种庄稼的"间苗"原理是一样的，只有拔出一部分苗，留下一部分苗，才能节省土壤水分和养分，才更有利于培育壮苗，提高产量。否则，看似苗多，但在收获的时候，往往是适得其反。

从实际情况来看，兰州农商银行在零售转型方面的投入非常少，甚至可以忽略不计，更多是"省"出来的、"复用"起来的、"激发"出来的，而"挣得"则几乎全部成了净收入。这也说明一个道理，对于资源并不充分的中小银行来说，与其增加投入，莫如"复用"资源，与其多元经营，莫如聚焦发力，追求"针尖捅破天"的效果。

第2节
接场：零售升级的无限想象

2025年，是兰州农商银行的一个特殊年份。站在十周年的特殊时间节点上，每一个兰州农商银行人都应该回望过去十年走过的路程。

四年时间，让一个新组建的甘肃省农信系统"第一行"陷入困难重重的境地。而五年时间，却让兰州农商银行"爬"了起来，大家是辛苦的，但也是安心的、安全的、安宁的，并且在零售转型中收获了利益、增长了本领、体现了价值。

两相对照，个中体会，需要每个人细细品味。成与败的经验、冰与火的考验，教会了每一个兰州农商银行人应该遵循的逻辑与规律，对于未来的判断也应该变得更加自信与从容，坚定地推动从零售转型向零售升级的转换，从短期、长期的时间维度和内部、外部的空间维度进行升级迭代，进而在这条正确的道路上创造出无限的想象空间。

2.1　短期：迎接临界点的到来

物理学上有一个现象：冰在超过 0 ℃之后就化成了水，水在超过 100 ℃之后又变成了水蒸气。这种变化中往往存在一个临界点，临界点前后物质的状态和性质会发生很大的变化，甚至是根本性的变化。这一临界点在银行的零售转型中也同样存在，从全国同业的经验来看，这个临界点一般会在启动转型后的五至六年之间出现。

兰州农商银行零售转型虽然已经五年，但前三年的时间是在弥补短板，真正意义上的转型时间不到三年。以此计算，再有三年左右的时间，兰州农商银行零售转型会迎来临界点，并发生"临界点效应"。

之所以会出现临界点效应，是因为随着时间的拉长、客户基础的不断积累、员工能力的持续提升等影响，兰州农商银行的零售转型投入和成本会实现转化，收入会大于成本，成为真正的盈利业务。而要实现这样的转化，关键的平衡点在于有效的客户数量。

所谓的"有效客户户数"，不同的银行有不同的定义，但都将零售贷款户数定义为有效户数。兰州农商银行从2019年末的贷款户数2万多户，增加到了现在的5.31万户，每年增加1万多户，其中，2022年末到现在增加数占比70%，呈现出一定的加速趋势。随着各方面能力的逐步成熟，这种加速趋势会更加明显。

虽然现在的贷款户数较之过去翻了2.1倍，但市场占比依然较低，仅占兰州市户数的1.21%，这样低的市场占比与"兰州老百姓自家的银行"的发展愿景严重不符。因此，下一步的中心任务仍然是全力投放零售小微贷款。

转型之初，兰州农商银行面临的局面是"大业务做不了，小业务没产品"。现在的情况是，"万事俱备，只欠东风"。这个"东风"就是全员的合力与坚持。那么，具体怎么干？主要是采取零售杠杆原理。

如果将零售转型比作一场杠杆运动，能够撬动多大重量，做出多大成绩，取决于三个因素：一是"动力"，二是"动力臂"，三是"支点"。

"动力"

"动力"是施加给杠杆的力量，兰州农商银行过去五年的零售转型，本质上就是干了一件事情，就是锻造"撬动杠杆"的能力。现在，这种能力已经基本具备，所需要的，是整合成为撬动杠杆的"动力集成"，将这种能力持续地施压下去。

"动力臂"

"动力臂"是从支点到施加动力的点的距离。兰州农商银行这些年的努力，也是在不断拉长这个距离。但是，包袱过重，化解风险占用的距离更大。随着改革的逐步到位，这些风险占用的距离会大幅缩减，为零售转型腾出更多的余地。

"支点"

"支点"是支撑杠杆的固定的点。过去的"支点"是大零售贷款，下一步要更加聚焦，进一步聚焦为"备用钱包"，也就是按照"广授信、严用信"的原则，一线重点抓好三件事：授信、签约、试用信。后台重点做好用信场景建设、总体活动策划等支撑。最终的目标是，要将"备用钱包"打造成为像自来水一样的"金融基础设施"。

通过这一套"组合拳"打下来，借助"金城快贷"和各类科技工具的"第一生产力"，兰州农商银行的零售贷款会很快迎来临界点，取得零售转型的阶段性胜利，带动全行的质量、规模、盈利再上一个新的台阶。

2.2 长期：赢取长期主义的胜利

在迎接临界点到来的同时，兰州农商银行还要秉持长期主义，做好长远打算，长久坚持。

所谓"长期主义"，就是为了长期目标或者结果而坚持不懈实践的一种工作理念。放大维度去看，所有优秀的企业，无不是长期主义的胜利者。放长视野去看，越是变化的年代，越需要坚持不变的东西，越需要长期主义。正如《逻辑思维》主讲人罗振宇所说的："只有长期主义者才能成为时间的朋友。"

过去，零售方面，兰州农商银行构建了"金字塔"转型模式，实现了起步、开局，取得了大的进步。未来，还需要在此基础上，利用"成功公式"再接再厉，更上一层楼，赢取长期主义的胜利。

所谓"成功公式"，就是：将定位、能力、时间三个关键要素相乘，形成乘数效应。可以将公式列为：零售转型成功=定位×能力×时间。

定位

定位是一家银行在市场当中的功能角色。定位的确定，取决于两个因素：一是政策导向，二是客户期望。

"政策导向"方面，国家各项政策反复明确，农村中小银行是支农、支小、支微的主力军。中国不缺大银行，缺真正服务"最后一公里"的银行。兰州农商银行真正的优势，也是未来真正的出路，不在大业务、大客户，而在小业务、小客户。未来，坚持党的领导的核心命题就是促进党业融合，用业务定位来体现政治站位。

"客户期望"方面，兰州农商银行过去做了一件非常关键的事情，就是真正具备了响应客户需求的能力。这种能力不仅仅是科技办贷的快速流程，还是全行整体协同的快速响应客户需求的能力。客户不是任何一家银行的，客户只是他自己，谁能满足他的需求，他就是谁的客户。因此，未来的兰州农商银行潜力无限。

能力

这是干成一番事业的必备条件。过去，兰州农商银行锻造出了响应客户需求的能力。但是，这还远远不够，因为你能响应，别的银行也能响应。因此，下一步要在这种能力的基础上，继续锻造客户忠诚度管理能力，这才是一家银行货真价实的能力。如果说响应能力让客户与银行建立了"恋人关系"，那么，忠诚度管理能力则让客户与银行牵手走入了"婚姻殿堂"。

客户忠诚度的构成要素比较复杂，涉及银行服务的方方面面。由此，需要引入一个忠诚度账户的概念。《客户忠诚度管理》一书中讲道："客户的忠诚度就好比是一个账户，尤其像是银行账户，只不过这里面储存的是商誉（感情或关系资产）而不是现金（金融资产）。"[①]可见，实现客户忠诚度管理，不仅仅是"钱"的问题，还有"情"的问题。虽然投入大，但收获也大，这是兰州农商银行未来增加市场份额、大幅提升业绩、提高利润和声誉的核心策略。

时间

"时间"在这里的概念是沿着零售转型的道路长期坚持下去。面向未

---

① ［英］克里斯·达菲著、王玉婷译：《客户忠诚度管理》，机械工业出版社 2022 年版。

来，可以在战术层面优化升级，但绝不能在战略层面更换"赛道"。兰州农商银行零售升级的最大考验就在这里，因为任期制决定了不同的领导会在不同的任期采取不同的战略。

小银行最大的短板就是资源和能力的问题，只有将有限的资源和能力聚焦于某一优势领域，精耕细作，长期耕耘，才能有所收获。如果更换"赛道"，零售转型的边际效应就会减弱，甚至前功尽弃。

没有哪家银行能凭空"开挂"，不过是厚积薄发。这是全国所有经营得好的中小银行的共同特征。在通往未来的道路上，兰州农商银行只有将"专注"作为根本信条和指导思想，才能真正实现高质量、可持续发展。

2.3　内部：向"文化"要生产力

习近平总书记指出，做实际工作的要懂一点理论，搞理论研究工作的要懂一点实际。只懂理论，不懂实际，就会犯教条主义的错误；只懂实际，不懂理论，又会犯经验主义的错误。

在零售转型过程中，兰州农商银行不断从实战中修正错误，避免犯经验主义的错误，不断从学习中联系自身，避免犯教条主义的错误。

本书其实是一次系统性的复盘，也是理论建设的开始。未来要将总结出的原理与规律更好地指导今后的实际工作，实现虚实结合，不断提升零售升级的层次与效率。

通过五年的实践，兰州农商银行找到了零售转型的核心理论——客户理论。过去，该行主要从自身角度看待、洞察和服务客户。未来，该行需要将自身角度转化为客户角度，秉持务实的客户理念，实现持续的客户经营，形成新的客户文化，并向"文化"要生产力。

客户理念

每家银行都有"以客户为中心"的理念，但是，往往理念与实践是"两张皮"。解决这个问题，方式有很多，但往往没有触及核心，核心在于找到客户与银行双方诉求的交叉点。

过去，兰州农商银行和其他银行一样，经营主要算的是"自己的账"，分别从规模、成本、盈利三个维度，细化各类指标。未来，要将这些维度的指标进一步"穿透"到客户维度，因为这些指标的完成，本质上都是由客户贡献的。而这，也是零售升级的一个核心标志。

客户经营

基于客户理念，兰州农商银行将来的任务分解和绩效考核要在现在扎实的基础上，延续过去的拓客、质量、效益的总导向，不断地精算到每一个客户，构建"从上而下"的指标分解和"从下而上"的客户依托相结合的成熟模式，以此来实现规模、成本和效益三者之间的平衡。

规模要上，但要的是基于客户增长的合理规模；成本要算，但算的是客户与银行的双方成本；盈利要有，但要"客户满意、顺便赚钱"。未来，兰州农商银行需要放大经营格局，自身经营不应该是真正的动机，而是成长的养料、进化的基础，真正的动机是"老百姓自家的银行"这个愿景。

由此，兰州农商银行未来的经营，不再是仅仅经营银行业务，而是经营客户关系。经营客户的两个关键是，为客户创造价值和挖掘客户价值，最终实现客户与银行价值的"双向奔赴"。

经营的转变，需要相应的管理进化。"管理实际上就是人、物、事三者的辩证关系，不同的组合会得出不同的结果，而管理，就是保证人和物结合后能够做出最有效的事来。"①兰州农商银行已经建立同业中少有的管理中台，这为将来的最优化组合打下了扎实的基础，一定可以"做出最有效的事来"。

客户文化

管理既是一门艺术，也是一门科学。所谓"艺术"，是要面对充满个性的人；所谓"科学"，就是有规律可循。兰州农商银行过去的管理更多的是外在激励，下一步需要重点做企业文化，激发员工内生动力，实现内外激励的最优化组合。

企业文化不同于其他文化，其最大的特点就是实用性，不解决实际问题、不产生业绩结果的企业文化，都是伪命题。兰州农商银行将来的经营与管理，都要在过去的零售文化的基础上，进一步衍生为客户文化。

所谓"客户文化"，就是围绕客户这个中心，萃取专属的核心价值观，比如华为公司的"以客户为本"，进而搭建各项制度流程，规范员工的思想和行为，最终将企业文化转变为各种社会形象和品牌影响力。

可见，企业文化是一种"看不见的力量"，而真正厉害的东西往往是看不见的。兰州农商银行需要用这种"无形之力"去实现"有形之绩"。这要比"多快好省"的路径更难，但会产生无限的催化效应，获得更有效率、更加稳健的发展成果。

2.4 外部：用"价值共生"对抗不确定性

经营一家银行，简单地讲，其实就是两件事：一是做好内部经验提炼与传承，二是主动适应外部变化。因此，在零售升级的路上，兰州农商银行不仅要内部聚焦，还要外部联动。所谓"外部联动"，就是要与地

---

① 陈春花：《管理的常识——让管理发挥绩效的8个概念》，机械工业出版社2016年版。

方各类组织建立良好的合作关系，并借力于这些组织拓展业务，融入这些组织以抵御风险。

借力发展

低净息差将成为银行未来的"新常态"。过去"挣大钱"的时代已经过去，现在"挣小钱"的模式也难延续，因为利差日渐缩小。这对于以利差为主要收入来源的兰州农商银行来说，可以说是"釜底抽薪"。唯一的出路，就是主动融入这些组织，在做好金融服务和非金融服务的基础上，去"挣服务费"。

对于行政组织，主要是地方党委政府，要"想在前面、干在前列"，争取这些组织的信任与支持，并借助党委、政府的公信力撬动更多的资源。

对于企业组织，要按照"金城e链"的原理，推动各类利益共享、风险共担的合作模式。

对于社会组织，主要是各类协会、商会，在过去批量营销的基础上，实现更加紧密的合作。

对于自治组织，主要是村委会，要敢于深度探索，从目前的党建联建、整村授信，转变为让渡部分评级权力，同步协办并承办账户开立、不良清收等业务，形成更加紧密的合作关系。

共抗风险

目前，经济形势并不明朗，市场竞争难见秩序回归，科技进步汹涌澎湃，兰州农商银行不得不面临夹缝中求生存的境况。这就需要将自身融入地方各类组织，用共同的力量去应对各类不可预知的风险。这一点，可能比零售转型初期的思想突破性更大，其考验的不是员工，而是领导层。

所幸，兰州农商银行已经迈出了成功的探索步伐，"农金夜校""金融专管员"等模式，都已经有了实质性的进展。未来，不仅需要将这些模式固化下来，形成标准范式，全面推广开来，而且要做出突破性变革。关键的突破是，银行不仅要在承担社会责任中赢取自身利益，还要让利于这些合作组织，"花钱买支持"。

"我们纠结于无关轻重的细枝末节，而忽略了正在发生的重大事件，即便这些事件正在持续影响、塑造我们的世界。"①面对百年未有之大变局，我们党正在做各类万全之策来应对。在这种历史背景下，兰州农商银行会不会遇上"黑天鹅事件"，无人敢下定论。但这绝不是"躺平"的理由，反而更加需要通过确定性的准备来应对各类不确定性。这种确定性的准备，除了"做最好的自己"，就是要深度融入地方，与地方的各类主体融为一体。

过去未去，未来已来。兰州农商银行过去五年的零售转型并没有"过去"，所构建的"金字塔"转型模式、蹚出的"多快好省"路径，都将成为未来发展的宝贵经验和有益参考。同时，未来已经不知不觉地来到了我们身边，如何在传承中创新，在创新中升级，是必须回答的"未来之问"。短期与长期、内部与外部，时时处处都险象环生，也蕴藏着机遇，唯有坚持不变的定位、推进渐变的组织、提升速变的能力，才能实现从零售转型到零售升级的跨越，创造出兰州农商银行更加美好的明天！

---

① ［美］纳西姆·尼古拉斯·塔勒布：《黑天鹅：如何应对不可预知的未来》，中信出版社2019。

后

记

在本书即将收尾的时候，笔者的思绪依然汹涌澎湃。1800多名员工在2000多个日日夜夜里负重前行，总算是找到了一条属于自己的发展道路。

这条路是一条逻辑自洽的道路。兰州农商银行构建了"金字塔"转型模式，并以零售转型为切入点，进行了综合试验改革和整体能力再造。

从定位角度看，零售转型是用业务定位体现政治站位，不仅符合国家政策导向，也契合自身主责主业。

从资源角度看，零售转型没有过多的投入，而是将已经投入的、可以调用的各类资源做了重新整合和最大化利用。

从能力角度看，零售转型让兰州农商银行重新回到了"干得了、干得好、承受得起"的业务领域，在过去五年的"严峻时刻"，至少做到了"先胜"①。

---

① "先胜"意指首先创造取胜的条件，出自《孙子兵法》"胜兵先胜而后求战，败兵先战而后求胜"。

从文化角度看，零售转型重塑了每一个员工的价值观，让每一个人褪去了浮华，变得更加自信与充实；同时，重构了整个银行的运行体系，每个流转节点的效率大幅提升，呈现出良性循环的态势。

这些角度，都证明一个道理：这是一条正确的道路。此时虽不能说是已经成功，但完全可以称之为"阶段性成功"，而且在这条通往成功的道路上，兰州农商银行已经看到了成功的曙光。

这条路也是一条逻辑他洽的道路。兰州农商银行以零售转型为主阵地，从两级法人管理体制出发，借助甘肃省农信联社的支持，引入外部理念与做法，紧密结合自身实际，形成了"多快好省"的转型特点。

管理大师彼得·德鲁克曾讲道："管理是一种实践，其本质不在于知而在于行；其验证不在于逻辑，而在于成果；其唯一权威就是成就。"兰州农商银行的许多做法，是引入的外部成熟经验的本土化改良，而更多的做法，则是基于自身实际探索出来的。

"双化"信贷模式、"管理中台"、"嫁接"模式等等的创新实践，或许很难找到现成的理论依据，但符合兰州农商银行的实际，也确实取得了预期成效。而且，这些模式当中，许多做法已经超过了许多发达地区的银行，引领着全国中小银行零售转型的新方向。

这条路更是一条逻辑续洽的道路。五年的零售转型，让兰州农商银行的每一名员工坚定地认为：百年大计，零售为本；五年的零售转型，也让兰州农商银行的每一名员工深刻地认识到：零售转型，并非难而正确，如果说难，难在坚持。

随着数字化时代的来临，兰州农商银行零售数字化转型的实践，不仅实现了业务上的突破，而且在机制建设、数字化转型和文化培育方面都打下了基础。这些基础性的工程，符合客户的需要，也适合未来员工的激励，更适合未来的发展。

王东岳老先生讲道："凡逻辑成立，事实必然呈现。"兰州农商银行过去五年的零售数字化转型之路，是一条逻辑自洽、逻辑他洽和逻辑续洽的道路。这也预示着未来的征途上，兰州农商银行能够秉持长期主义，实现零售转型到零售升级的跨越，用普惠金融的微光，照亮兰州老百姓对美好生活的向往，用本土银行的力量，助推兰州更加美好的未来，也用零售数字化之力，实现兰州农商银行的"破茧成蝶"。

兰州农商银行的实践证明，中小银行零售数字化转型需要采取大零售模式，需要全体系推进，需要数字化驱动。如此，不仅大有可为，而且可以呈现"多快好省"的鲜明特点。这是兰州农商银行为全国中小银行做出的一份特殊贡献。

最后，诚挚地感谢赵建平董事长和兰州农商银行给了笔者这次难得的学习和研究机会。在整个过程中，每一名兰州农商银行人的敬业、勤奋、朴实和热情，都让笔者心生敬意、倍感温暖，这是一次充实且永远值得回忆的合作旅程。

如果本书有什么不足或遗漏之处，那一定是因为笔者学习和领会不够。请读者透过字里行间感受兰州农商银行零售数字化转型的魅力的同时，原谅笔者的不妥之处。如果觉得本书有价值，则要归功于甘肃省农信联社和兰州农商银行及其每一名员工。

段治龙

2025 年 4 月